达夫 / 著

每天多出 3 小时：

时间管理秘诀

中国华侨出版社
北京

前言

时间是一个永恒的话题，人们每天思考和谈论最多的也是时间，时间的奥秘似乎永远无法窥破。每天集中精力应付工作，甚至熬夜加班，可是仍然觉得时间不够用，效率低下，收获甚微，感到身心俱疲，不堪重负，职业、健康、家庭生活、社交活动均受影响，正常的生活秩序被打乱，人生处于时间的阴影笼罩之下。这已经成了不同行业、不同年龄的人们所面临的共同现状。

生活在当今这样一个飞速发展的社会，我们倍觉时间的紧迫和珍贵。如果你跟很多人一样，因为太忙而觉得时间太少的话，那么请你一定记住，在这个世界上还有很多人，他们比你更忙，结果却完成了更多的工作。这些人并没有比你拥有更多的时间，结果却完成了更多的工作，他们只是学会了有效地利用时间而已。

不管你是谁，不论你从事什么行业，都必定有自己想要实现的目标，合理安排时间将有助于你实现目标。如果你不具备掌控时间的能力，就会在忙碌了一整天后猛然发现自己一无所获，甚至会使小问题演变成大危机。时间管理水平的高低，决定你事业和生活的成败。能够有效掌控时间的人，才能善用时间，驾驭和支配工作和生活，朝预定的目标前进，不至于在忙乱中迷失方向。

究竟如何才能在紧张而短暂的一天24小时中有效地利用时间，如何在相同的时间里创造更多的价值，如何在繁杂的日常事务中摆脱烦恼、减轻压力，怎样才能找到一种平衡工作和生活的有效方法……在本书中，我们将共同探讨时间管理的方法、工具和技巧，揭开时间管理的秘密。掌控时间的首要关键是要了解自身的优缺点，发扬优点，改正缺点，养成良好的时间管理的习惯。设立明确的目标，制订科学合理的时间表，是时间管理中的重要一环，这会让你做事有重点，分清轻重缓急，不至于没有头绪，眉毛胡子一把抓。做事讲究方法，做对的事情比把事情做对重要，不要追求完美而要注重效果，遵循生物钟，拒绝拖延等，这些都是极其有效的时间管理技巧。本书还将介绍时间管理的一个被广泛运用的工具——80 / 20法则及其用法，并告诉你如何在办公室、家庭、会议、交往、沟通等场合合理安排时间，以及一些信息技术应用方面节省时间的窍门。

只需一点点的计划和安排，你就能朝自己的目标大大地迈进一步，何乐而不为呢？掌控了时间，也就掌控了工作，掌控了生活，掌控了一切。从现在开始，让我们一起学习如何掌控时间，让每天多出3个小时吧！

目录

CONTENTS

第一章

管理好你的时间，才能管理好人生

第二章

你的时间都去哪儿了——盘点属于你的时间

第三章

制定目标和计划，让你的时间有条不紊

第四章

合理分配时间，提高时间的使用效率

第五章

掌握运筹时间的 5 个黄金定律

第六章

拒绝干扰和拖延，别让时间白白溜走

每天多出 3 小时：时间管理秘诀

第九章

别让瞎忙害了你——做事有章法，忙到点子上

第一章

管理好你的时间，才能管理好人生

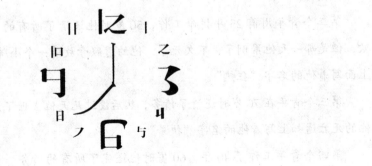

美好生活始于有效的时间管理

其实我们不是在管理时间，而是在管理生命，管理价值观。

——何常明

爱迪生说过，世界上最重要的东西是"时间"。美国著名的管理大师杜拉克说："时间是世界上最短缺的资源，除非严加管理，否则就会一事无成。"

有一个关于时间的经典寓言：

四个20岁的青年去银行贷款。银行答应借给他们每人一笔巨款，条件是他们必须在50年内还清本息。

第一个青年想先玩25年，用生命的最后25年努力工作偿还，结果他活到70岁都一事无成，死去时仍然负债累累。他的名字叫"懒惰"。

第二个青年用前25年拼命工作，50岁时他还清了所有的欠款，但是那一天他累倒了，不久死了。他的遗照旁放着一个小牌，上面写着他的名字"狂热"。

第三个青年在70岁时还清了债务，然后没过几天他去世了，他的死亡通知上写着他的名字"执着"。

第四个青年工作了40年，60岁时他还完了所有的债务。生命的最后 10 年，他成了一个旅行家，地球上的多数国家他都去过了。70 岁时死去的时候，他面带微笑。人们至今都记得他的名字"从容"。

当年贷款给他们的那家银行叫"生命银行"。

生活中，善于有效利用财富的人很少，但更让人惋惜的是，懂得该如何利用时间的人更少。

善于利用时间要比善于利用财富更重要，这恐怕是一个不用多加说明的常识。所以，时间管理学对于每个人来说都是有实用价值的。有效的时间管理可以带来美好的生活。一名成功的运筹时间的高手，总能奇妙地将一天当成两天用，把一个小时当成两个小时、三个小时，而其他人只能望洋兴叹。

杜拉克指出，做事具有高度效率的人，未必是所谓聪明的人，也未必是知识渊博的人。也就是说，办事的高效率不一定与一个人的聪明才智画等号。那么，如何才能有效呢？他还指出，有效性是可以学习的。工作的效率可以从学习中得来，其思想是把办事讲求效率当成一种日常要求和习惯，其方法就是讲究时间运筹，那么，你就会逐渐提高你的工作效率。

在复杂多变的现实中，我们能够自由支配和充分利用的时间并不是很多。如何最充分最有效地利用时间，如何在最短的时间里获得最大的效益，是每一个想在事业上有一番作为、想书写人生辉煌的人应该充分注意的问题。科学地认识和利用时间，它适用于所有的人，凡是不甘平庸的人，掌握管理时间的艺术是他必须遵循的一个法则。

出色的管理者都是善于管理和运用时间的人。同样，优秀的管理人员是知道时间的价值和意义的人。管理活动也好，个人的奋斗与努力也好，都有一定的目标和目的，都有实现这一目标、目的的时间要求，是否按期或提前完成目标，是对你在该时间段的计划及表现的最终评价。

掌控时间，生活才能从容不迫

人们不能给生活更多的时间，却能给时间更多的生活。

——美国管理格言

心理学家进行辅导咨询的时候，很直觉地就把时间因素考虑进去。听听他们问求助者的问题："……多大了？""……多久了？""什么时候你第一次……""你经常……"

医生知道人体需要时间来恢复体力与健康："我们必须给心脏和身体一些时间，耐心等待治疗的结果。"

剧作家要获得灵感也需要时间，他的构思需要慢慢地调整、累积，最后成就佳作。几乎每部剧作在时间的运用上都各得其所。

企业家也知道时间的控制就是一切。很多人失败的原因在于他们过于心急。常常会有人提出这样一个忠告："你需要在准备与训练上面多花一点时间，你还没准备妥当！"当然也有人失败是因为他们太谨慎、太迟疑，市场分析家总是一针见血地指出："他们进入市场太晚了。"或者说："等到他们采取行动的时候，别人早就把大饼分食光了。"

有这样一个故事：

在古老的东方，有一个国王很想取悦他的臣民。在一次外出旅行时，国王给从未见过钟表的臣民们带回来一个日晷。日晷改变了这个王国中所有人的生活。他们开始划分一天的时间，划分各人的时间。他们变得更守时、更守秩序、更值得信赖，也更勤劳，于是他们创造了巨大的财富。

当国王去世以后，他们开始考虑，该如何评价国王的功绩，因为日晷已经成为国王仁慈的象征，也是他们财富的源泉。于是他们决定，为日晷建造一座华丽的有金色穹顶的亭子。当亭子建好后，他们把日晷放到亭子里时，发现阳光再也照不到日晷上了。日晷告诉人们时间的影子消失了，辨认方向的标志也不见了。于是人们相继不再守时，不再值得信赖，不再勤劳。每个人都随心所欲地做自己的事，这个国家的财富也很快就不见踪影了。

对时间的掌控，让故事中的臣民生活有序，创造了大量财富；对时间的失控，让臣民无所适从。可见，平衡有序的生活源自有效的时间控制。

控制了时间，才能让生活从容不迫。

与时间为友

在与时间的战斗中，你永远不会成为赢家，除非你与它化敌为友。

——田纳西·威廉斯

我们很容易把时间看成敌人。不论是在一步步跳动的钟表指针上，还是在一下下闪烁的电子表屏幕上，时间都在无情地前进，准确无误地迈过最后期限，迈过所有的约会、危机、要做的事、一生一次的经历和重要的决策时刻，从不考虑形势，也绝不同情人们。我们感到沮丧，我们感到焦急。我们希望时间停止、放慢或加速，但是我们无能为力，我们没有办法改变时间的脚步，时间依旧一分一秒地不断前进。

时间似乎是无情的，它总是带走美妙的时光，总是让我们感到日子紧张。

视时间为敌人的人，经常将时间当作超越与打击的对象。这种人的行为特征为如下。

（1）设定难以完成的时限，以便"打破纪录"或"刷新纪录"。例如这种人开车上班，喜欢寻找捷径，以便创造纪录。对这种人来说，节省下来的一点时间好像能积蓄下来似的。

（2）在任何约定时间的场合，因早到而感到"胜利"、因迟到而感到"沮丧"。这种"胜利"或"沮丧"的感觉，是针对时间的早晚而产生，并非针对时间的早晚所导致的后果而产生的。

例如有些人开会总是早到，而早到的结果便是等候其他与会者的来临。仍有一些人因约会时迟到一两分钟而感到沮丧，但他们的沮丧是因为自己与时间打输了一场仗。

视时间为敌人的人最大的长处，便是洋溢着突破障碍的竞争精神。但与时间竞赛的人，是终究注定要失败的。当一个人的心理经常处于竞争状态，他将充分体会经验、成就或喜乐，也将难以生活在现在，因为他的心在下一场战斗上。视时间为敌人，就是重效率而不重效能。"效率"基本上是一种"投入—产出"的概念。当能以较少的"投入"获得同等的"产出"，或是以同等的"投入"获得较多的"产出"，甚至以较少的"投入"获得较多的"产出"时，则被视为富有效率。

"你永远也不可能掌握时间，而我们自身一直在时间的控制之下。"这个毫不留情的分析出自慕尼黑经济学教授、著名的时间管理专家卡尔海茨·A.格斯勒。但这并不是一个坏消息，"人们真正要做的，不是逆时而生，而是顺时而活"。过去我们总说时间是挤出来的，但以后能使你成功的，却是如何灵活地与时间做朋友的能力。

不要再与时间战斗，与时间化敌为友吧，这是不战而胜的法宝。

认清自己在做什么

你应该知道自己在做些什么和为什么要做这些。

——布莱斯·巴斯卡

你是不是一个得过且过的人，就像只为撞钟而撞钟的和尚？现在建议你停下手头的工作，仔细考虑以下问题。

（1）你最近在忙些什么？

（2）你是否总希望今天赶快过去？

（3）你每天真正花在工作或学习上的时间有多少？

美国前总统克林顿的首席经济顾问劳伦斯在哈佛大学任教时，发现自己的一些学生学习效率低下，总会为自己做不完功课找出各种各样的理由。为此，劳伦斯给这些低效率学生布置了一个任务，让这些学生像会计和律师一样，做一个工作日志。他要求学生把自己实际用在作业上的时间记录下来，并且一定要真实。其中，休息、吃饭、等人和在学习过程中发生的事情都不能计算在工作时间以内。劳伦斯希望通过这样做，让学生们知道，工作时间的每一分钟、每一小时都有自己的价值。

结果令这些经常抱怨的学生汗颜。学生们通过这个工作日志发现，自己真正花在作业上的时间比想象的还要少。学生们就是通过这个时间账单，才真正地意识到自己已经浪费了大量的时间。从此以后，再也没有学生因故不完成作业了。

稀里糊涂地度过一天又一天，你的人生也就在稀里糊涂中虚

每天多出3小时：时间管理秘诀

度了。要让人生充实而有意义，你必须有一个清醒的头脑，知道自己此刻在做什么，并思考下一刻你将做什么。

工作日志是让你有条不紊、从容不迫的好工具。为自己做时间账单，这种方法对于那些善于利用时间的人也许没有什么意义，但是对于那些对支配业余时间感到困惑的人，这种方法却行之有效。那些位居世界 500 强的大型企业把工作日志当作管理的一项重要内容。许多优秀的律师与会计师在大部分的工作时间里，面前也都摆着一本工作日志。高效人士都有这样良好的习惯。他们一开始是在工作中接听电话或打电话时随手做一些记录，久而久之，就逐渐形成一种生活方式。

当然，记录工作日志并不适合所有的人。一些人的确很忙，他们已经没有时间来做这样的文字工作；一些人已经形成了自己的一套工作方法，无须这种烦琐的方式。就是劳伦斯也承认自己只是偶尔这样做，记下自己近期的一些工作与活动时间，对自己进行审视或给自己一个警醒。

但是，当你还没有找到一个有效的方法使自己非常合理地利用时间时，那么，这种方法还是行之有效的。你不妨试一下，每星期、每个月，或至少每隔一段时间记录一下你的工作日志，并且保证你的记录真实准确，这样你就可以确切地了解自己到底花了多少时间在工作、学习与做有益的事情上，并且可以以此来对自己进行督促与提醒。工作日志切记要真实，否则，你就是在掩耳盗铃、自欺欺人。

你的时间无限量

岁月是一个时间银行，我们可以从这个银行提出分钟与小时用。时间是有限的，而运用它的方式是无限的。

——金·克拉

我们知道，时间有长短，关键看你赋予它什么样的内容。杂志发行人弗得·德克曾经说过，假定有家银行每天早上提供你86400美元的信用额度，到晚上就将没用完的部分取消，我们称这家银行为"时间银行"，而美元就是"秒"。每天早上，"时间银行"给我们86400秒，每晚都将我们所有未提出使用的部分宣告无效，余额无法继续存储。银行一年有365天，但没有透支，也没有结转余额。每天银行都为我们开一个新户头，但到晚上就将白天的交易记录销毁，也不能预支明天的额度。

在我们使用之前或浪费之后，时间都没有价值可言。现在这一刹那，时间是有价值的，在这之前只能说它有潜在的价值，而在这一刹那之后，时间也将失去所有价值，除非它的使用为我们创造出价值来。

时间既是不可变的，每人每天24小时；时间又是可以改变的，善用则长，不善用则短。

"时间有限"是现代人每天必须面对的压力。虽然我们不能创造时间，可是能有效地利用时间，有效的时间管理则能将时间压力转换为达到目标的原动力。

每天多出3小时：时间管理秘诀

生活中，人们常常发现自己非常紧张，总感觉时间不够用。但是人们在回想的时候，发现其实自己并没有做多少有意义的事。

仔细地思考一下，你会发现让你手忙脚乱的原因，是你没有合理安排你的时间。如果你想生活得轻松自如，首先应该学会如何安排好自己的时间，做到分清轻重缓急，学会顾全大局。

每天考虑一下，你一共要做几件事，列一个任务表，并且按照优先次序对各项任务进行时间预算或分配，这样做会对你十分有益。然而，许多时候人们花费时间的数量往往与他们任务的重要性成反比。

人们的时间很少花在他自己想要花的地方。这种做法捉弄了时间的主人，使得人们错误地认为，自己的时间正用于应该用的地方，并没有认识到他现在的行为是在白白地浪费时间。

所以，我们认为在做任何事情之前，做一些必要的安排和准备，一般来说比事后补救的活动更为有效。小洞不补，大洞吃苦。防患于未然，避免发生意外的最好办法就是预料那些可能发生的意外事件，并为之制定应急措施。

善用时间才能获得更多的时间，时间这个软尺的长度就在你的掌握之中。

没有可供浪费的时间

时间不允许浪费。我们必须高效率工作，活得像明天就要死去一样！

——约翰·丹尼斯

一寸光阴一寸金，很多人都明白这个道理，却没有控制时间、高效利用时间的良好习惯和艺术，结果还是任时间白白流逝。我们都深知时间的重要性，可又不得不无谓地浪费掉很多宝贵的时间。真像你说的那样"没办法"吗？其实不然，关键是你没有真正掌握控制时间和利用时间的艺术。

由于每一天都是一次性的，所以，每一天都十分宝贵，消耗了就不再有。有时你也许会想就在例行的事务中混下去，打发光阴，消磨时间。但是没有任何一天是"多余"意义上的徒劳，也没有哪一天可以如此糟糕地度过。千万不要睡懒觉，要平静和崇敬地开始每一天。

那些在大银行、大公司工作的经理们，以及在各大企业财团工作的高级职员们，多年来都养成了这种本领。有很多实力雄厚、深谋远虑、目光敏锐、吃苦耐劳的大企业家，都是以沉默寡言和办事迅速、敏捷而著称的。连他们说出来的话，也是句句都很准确、很到位，都有一定的目的。他们从来不愿意在这里多耗费一点一滴的宝贵资本——时间。当然，有时做事简捷迅速、斩钉截铁也容易引起一些不满，但他们绝对不会把这些不满放在心上。为了在事业上有所成就，为了恪守自己的规矩和原则，他们不得不减少那些对他们的事业发展没什么益处的人际来往。

浪费时间是一种坏习惯，要戒掉这个坏习惯需要付出一定的努力。

首先，你得先找出自己有哪些浪费时间的坏习惯。对有些人来说，会在早上醒来后，在床上赖上一小时。但早上是精力最旺盛的时候，所以试着强迫自己醒来，穿好衣服到办公室开始工作，不要再继续赖床。当你这样做以后，会发现自己的精力提升了不少。

对你来说，浪费时间的坏习惯可能有很多，如看电视、上网或煲电话粥。

你应立即着手寻找你浪费时间的习惯。当你找出自己浪费时间的恶习后，把你一定得避免的坏习惯列在清单上，用命令式的语气写下自己该根除的恶习。举例来说，如果拖拖拉拉是你浪费时间的坏习惯，那么你就该在清单上这样写："别再拖延了。"如果你因为不喜欢拒绝别人，反而害自己得承担过多不必要的责任，那么就在清单上写下："学会说不。"

把这张清单放在经常看得到的地方，如，你面前的墙上或你自己的告示板上，或贴到门上也可以。不然的话，也可以把清单放在抽屉里，只要每天都可以看到它就好。当你看到这张清单时，就不断地提醒自己要避免这些恶习，同时要把自己浪费时间的行为矫正好。不久，你就会发现自己有了很大的进步，可以在更短的时间内做完更多事情。

珍惜属于你的分分秒秒

智慧的总和就是献身工作加上不浪费一分一秒。

——爱默生

时间是世界上最短缺的资源，你必须珍惜分分秒秒，才能成就大事。

著名的教育家威斯特·泰姆曾经接到一个青年的求教电话，他与那个向往成功、渴望指点的青年约好了见面的时间和地点。

当那个青年如约而至时，威斯特·泰姆的房门大敞着，眼前的景象却令青年颇感意外——威斯特·泰姆的房间里一片狼藉。

没等青年开口，威斯特·泰姆就招呼道："你看我这房间太不整洁了，请你在门外等候一分钟，我收拾一下，你再进来吧！"一边说着，威斯特·泰姆轻轻地关上了房门。

不到一分钟的时间，威斯特·泰姆又打开了房门，并热情地把青年人让进客厅。这时，青年眼前展现出另一番景象——房间内的一切已变得井然有序，而且有两杯刚刚倒好的红酒，淡淡的酒香在房间里荡漾着。

可是，没等青年把满腹有关人生和事业的疑难问题向威斯特·泰姆讲出来，威斯特·泰姆就非常客气地说："干杯，你可以走了。"

青年手持酒杯一下子愣住了，既尴尬又非常遗憾地说："可是，我……我还没向您请教呢……"

"这些难道还不够吗？"威斯特·泰姆一边微笑着，一边扫视了一下自己的房间，轻言细语地说，"你进来又有一分钟了。"

"一分钟……一分钟……"青年若有所思地说，"我明白了，您让我明白了一分钟可以做很多事、可以改变许多事情的深刻道理。"

威斯特·泰姆舒心地笑了。青年把杯里的红酒一饮而尽，向威斯特·泰姆连连道谢后，开心地走了。

的确如此，只要把握好生命的每一分钟，也就把握了工作的重重任务。所以，谁也没有理由一分钟又一分钟地去为工作而烦恼和忧虑。如果因为你自己的悲伤而掩面，那么，又一分钟从你的手指缝匆匆地溜走了。

时间的流逝和金钱不一样。有时候，钱用了就用了，但一点一滴地存起来并用于投资，长年累月地坚持，其效果却是相当惊人的。如果每月坚持拿出 1000 元用于投资，假设年均收益率为 10%，坚持 30 年，实际投资的 36 万元可增值到 226 万元。这是任何人都可以成为百万富翁的秘诀。时间也是一样，它是一分一秒被浪费掉或被利用起来的。谁要是觉得一分钟无所谓，那他将丢掉很多时间，最后沦为时间的乞丐。

不要让生命的时间老化

时间在痛苦的期待中变慢，在纵情的欢娱中变快。

——何怀宏

如果你总是感觉短时间很难熬，长时间又过得特别快，就表示生活已经出现"老化现象"。

时间与生命是息息相关的。善于利用时间的人总是分秒必争、奋斗不息，从而使有限的生命变得更加充实。而那些习惯于拖沓磨蹭的人总是让不可多得的时间在无休止的梦境中消磨、在浑浑噩噩中荒废，得到的只是空虚的精神和衰老的肌体，这无疑让生命力加速老化，缩短了自己的寿命。

众所周知，身体需要定期检查，才能知道有没有老化。同样地，生活也需要定期检查，才能晓得有没有老化。

不妨每隔一段时间，就检查一下，日常生活中有没有出现下面这些"老化现象"。

（1）工作就像"没有肉的鸡骨头"，食之无味，弃之可惜。

（2）一个人独处的时候，会觉得无聊，不知如何打发。

（3）生活若突然多出一些空闲，完全想不出来该怎么打发。

（4）不晓得从何时开始，对什么事情都失去兴趣，连以前感兴趣的事，现在也失去兴致。

（5）每天晨昏颠倒，日子过得迷迷糊糊。

（6）做事进度严重落后，怎么赶都赶不上。

每天多出3小时：时间管理秘诀

如果生活出现严重的老化现象，那种"内心慌乱，却使不上力"的感觉，真的很可怕。

为了让生活"年轻化"，可以采取几个步骤。

首先，从改变"作息习惯"做起。努力戒掉"白天睡觉，晚上工作"的不良习惯。

其次，每天坚持做一些体育运动，锻炼全身，活化自己的身体细胞。运动可以提高体内的能量，使我们面对生活时从内在迸发出活力，做任何事情自然都干劲十足，由此便会觉得生活特别有意义。

最后，找机会参加不同的活动，让自己由里到外全面动员，增加新的能量。

当早晨你醒来时，你要这样想：我的钱袋（资源）里奇迹般地满装着在生命中尚未加以利用的 24 小时，它是属于我的，它是最昂贵的财产……没有人能从你那里把它拿走，它是不能窃取的。没有人得到的能比你所得到的多，也不会比你得到的少。

在时间的王国里，没有财富的贵族，也没有智力的贵族。它不会将时间奖励给天才，即使每天奖励一个小时；它也不会加以克扣，你可以无限制地消费你的精美商品，但它绝不会因此克扣你的时间。

进一步讲，你不能预支未来，不能借账！你只能让正在经历的时间消逝，但你不能消耗明天，它永远为你保留着。

如上所述，生活是个奇迹，难道不是吗？你每天有 24 个小时的时间去生活。由此，你可以过健康的、快乐的、富有的、心满意足的、受人尊敬的生活，并保持你那永远年轻的心灵。

进行生命倒计时

只有把每天都当成生命的最后一天，人才会真正学有所获。

——爱默生

把"每一天"当成自己生命的"最后一天"来度过。

平时，很少有人把"一天的时间"当回事。假如有位医生在早晨 8 点检查了一个人的身体后说："今天晚上 12 点之前您就离开要人世了。"那么这个人肯定会充分利用这 16 个小时，抓紧分分秒秒处理最亟须办理的一切事。这时他的办事效率必定极高，不会以"天"为单位来计算时间了，而会以"小时"、以"分"为单位来计算时间。

非洲有一个民族，以婴儿刚生下来就获得 60 岁的寿命计算，以后逐年递减，直到零岁。人生大事都得在这 60 年内完成，此后的岁月便可颐养天年了。

这真是个绝妙的计岁方法。从某种意义上说，人生不过是我们从上苍手中借来的一段岁月而已，过一年还一岁，直至生命终止。可惜我们常会产生这样一种错觉：日子长着呢！于是，我们懒惰，我们懈怠，我们怯懦……无论做错什么，我们都可以原谅自己，因为来日方长，不管什么事，放到明天再说也不迟。

直到有一天，死亡的阴影笼罩着我们时，我们才悚然而惊：糟了，总以为将来还长着呢，怎么死亡说来就来了！那些未尽的责任怎么办，那些未了的心愿怎么办，那些未实现的诺言怎么办……还能怎么办？面对死亡通知书，人类只能踏上那条不归路。追悔也罢，遗憾也罢，那个早已注定的结局无人能更改。临终之前，也许人们会在模糊中想起"譬如朝露，去日苦多"的感叹，想起"少壮不努力，老大徒伤悲"的教诲，可一切都悔之晚矣。

生命倒计时常使人想起电话磁卡。当我们将磁卡插入话机时，显示器立刻显示出卡中数值，随着通话时间的延长，卡中数值不断减少。面对不断缩小的数字，下意识地，你会提醒自己：长话短说，别浪费钱。因为那些变化的数字如同一双眼睛，时刻提醒着你，最终让你三言两语结束通话。

生命不也如同一张小小的磁卡吗？所不同的只是，我们常会忘了，在我们的大脑中也有台显示器，告诉我们有限的时光还剩多少。而当生命倒着计时，那年年减少的数字，便会提醒我们——来日不多，该做的事情得赶紧去做。

我们要抓住今生今世要实现的最关键的一个目标去努力拼搏，不再为一些细枝末节、无关要旨的琐事分散精力和浪费时间。

我们要以和蔼的态度对待周围的人，不再计较以往的恩恩怨怨，把毁誉置之度外，把利禄抛到脑后，豁然大度地处理一切事务。

具备了这两点，我们才成为真正摆脱了精神枷锁的人，才能一身轻松、无所顾忌地去为自己的理想奋斗。这时工作效率之高，成就事业之大，事业开拓之快，就非常人所能比了。

和时间赛跑

你要把时间当作一条河，你不要坐在岸旁，看它流逝。

——纪伯伦

谁能够抓住时间，谁就能够抓住生命中的一切。

要想获得生命的成功，你就必须保持百倍的警惕，不要让时间窃走你的生命。

对于时间的紧迫感是你快速奔跑的动力。

时间正从你的生命中悄悄地流逝。在思考问题的一刹那，光阴——确切地说是时间，从你的眼角、你的手指间隙里无声地滑过，而在这一刻里，你没有任何付出，当然也没有得到任何回报：你生命的一小段将被无情地抛弃。

时间对任何人来说都是公平、无私的，每人都能用自己的方式扮演自身所投入的角色，不管他的角色是多么精彩或是多么落魄，时间之手轻轻一挥，便将这些一一抹杀，留下来的只有对往事的记忆。往事是那些印证时间存在过，却不能被我们任何一个人所拥有的东西。当我们翻阅记录往事的日记，那字里行间闪烁的只是想象的光芒,这光芒是虚幻的、不可把握的。往事不会重来,时光不会倒流,生命只有一次。

作家林清玄写过《与时间赛跑》这篇文章。

读小学的时候,我的外祖母去世了。外祖母生前最疼爱我。我无法排除自己的忧伤,每天在学校的操场上一圈一圈地跑着,跑得累倒在地上,扑在草坪上痛哭。

那哀痛的日子持续了很久,爸爸妈妈也不知道如何安慰我。他们知道与其欺骗我说外祖母睡着了,还不如对我说实话:外祖母永远不会回来了。

"什么是永远不会回来了呢?"我问。

"所有时间里的事物,都永远不会回来了。你的昨天过去了,它就永远变成昨天,你再也不能回到昨天了。爸爸以前和你一样小,现在再也不能回到你这么小的童年了。有一天你会长大,你也会像外祖母一样老,有一天你度过了你的所有时间,也会像外祖母一样永远不能回来了。"爸爸说。

爸爸等于给我说了一个谜,这个谜比"一寸光阴一寸金,寸金难买寸光阴"还让我感到可怕,比"光阴似箭,日月如梭"更让我有一种说不出的滋味。

以后,我每天放学回家,在庭院里看着太阳一寸一寸地沉进了山头,就知道一天真的过完了。虽然明天还会有新的太阳,但永远不会有今天的太阳了。

我看到鸟儿飞到天空,它们飞得多快呀。明天它们再飞过同样的路线，也永远不是今天了。或许明天飞过这条路线的，不是老鸟，而是小鸟了。

时间过得飞快，使我的小心眼儿里不只是着急，还有悲伤。有一天我放学回家，看到太阳快落山了，就下决心说："我要比太阳更快地回家。"我狂奔回去，站在庭院里喘气的时候，看到太阳还露着半边脸，我高兴地跳起来。那一天我跑赢了太阳。以后我常做这样的游戏，有时和太阳赛跑，有时和西北风比赛，有时一个暑假的作业，我十天就做完了。那时我三年级，常把哥哥五年级的作业拿来做。每一次比赛胜过时间，我就快乐得不知道怎么形容。

后来的二十年里，我因此受益无穷。虽然我知道人永远跑不过时间，但是可以比原来跑快一步，如果加把劲，有时可以快好几步。那几步虽然很小很小，用途却很大很大。

如果将来我有什么要教给我的孩子，我会告诉他：假若你一直和时间赛跑，你就可以成功。

与时间赛跑，你才不会被时间抛弃。"与时间赛跑"的意识，可以为你提供前进的动力。就好像运动员在跑道上，如果没有竞争对手，他就不会有强大的动力向前跑。如果你一直和时间赛跑，你一定会取得很大的成绩。

第二章

你的时间都去哪儿了——
盘点属于你的时间

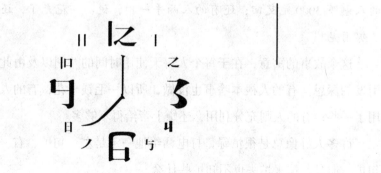

你的时间感如何

在今天和明天之间，有一段很长的时期；趁你还有精神的时候，学习迅速地办事。

——歌德

时间总是悄悄地、不动声色地被人们于弹指之间挥洒殆尽。它分分秒秒的流逝很容易被人们忽略，然而，时间决定着人的价值。你的时间感如何呢？你是会珍惜时间的人吗？

有这样一则故事：

上帝在每天一大早都会去拜访刚起床的人，然后很公平地交给每个人5000元使用；到了晚上临睡时，他又会出现，要每人把剩余的钱还给他，只见有的人原封不动地交回了5000元；有的人剩下3000元交回；还有的人两手一摊，说："花光了，还不够用呢！"

这个故事的寓意，在于每个人每天使用时间的差别以及由此引发的深思。有的人根本啥事也没做，所以一毛钱未花；有的人用了一些；有的人则充分利用，还嫌上帝给得不够多。

许多人好像总是很忙碌，打电话给他一定是左一句忙、右一句忙，但是，忙来忙去也不知忙些什么。

每天多出3小时：时间管理秘诀

一个真正懂得时间管理的人，应能依事情的轻重缓急来安排先后顺序，这样，当重要事件发生时，才能不慌不忙地一一处理。这样的人才是懂得时间管理的人。

对于珍惜时间的人，时间则给予热情的回报；对于奋力赶超的人，时间将无私地帮助他超越岁月。可是，对于轻视时间的人，时间会嗤之以鼻，把他抛至脑后；对于挥霍时间的人，时间则一笑而过，使他一无所得；对于遗弃时间的人，时间将愤然离去，使他追悔莫及；而对于戏弄时间的人，时间就毫不留情，给予他苦果一枚。

只有那些具有良好时间观念的人，才可能成为运筹时间的高手。

有时间观念的人，会因为无聊地过了一个小时而后悔不迭，而后才会想方设法地去寻找运筹时间的方法。古今中外，凡是有成就的人物都具有很强的时间观念。

提高你的时商

假如我们用心使用时间，我们就有时间。

——歌德

为什么我们总是抱怨没有时间？时间是不是真的很少？可能是，但是为什么有的人能够做成很多事情，还能有"闲庭信步"

的机会？也许问题的关键在于我们是否懂得管理自己的时间。知道吗？"忙"也是一种心态，一种会变成不良习惯的心态，它因缺乏时间管理能力而形成，这个能力就是时商。只有提高你的时商，即提高理时能力，你才会突然发现，原来，我们要完成一定量的事情并不需要搭进一大堆时间，只是因为我们不会使用时间才觉得"忙"，甚至忙得一塌糊涂。

要改变这种现状，你首先要做的是：树立时间观念。一个人具有什么样的时间观念，取决于他的时间感和成就欲。时间感是人们对时间的各种感觉，或快或慢，或白天或黑夜。成就欲是人们想获得成就的欲望，它驱使人们获取某种成就，经过百折不挠的努力，克服重重障碍，达到目的。成就欲的满足，不但在于获得成就后所享受的物质上和精神上的满足，而且在于为取得成就而奋斗的整个过程。

现代人从事企业工作，重要的是时间的管理，很多企业人十分辛苦，每天早出晚归，疲于奔命，但如果加以认真研究，仍可发现，许多工作是在白白浪费时间。结果，大事抓不了，小事也抓不到。企业人应有自己的时间安排，抓住关键，掌握重点。作为一个管理者，经常开会，讲话既多又长，并非优点。有效的会议时间不多，成效却显著。日本一位著名企业家认为，在走廊上碰个面，也可相当于开个会议的作用。"文山会海"无非是浪费了自己的时间，也浪费了别人的时间。这些时间，本来可以生产很多产品，这就是会议的成本。应该计算一下，有效益的会当然可以多开，如果没有效益，还是应该减少这样的会议。

时间观念已成为现代管理的重要观念，浪费时间就是浪费金钱，就是降低效率。

有了对时间的紧迫感还不够，你必须树立正确的时间观。因为，错误的时间观念不仅于事无补，还很可能让你"碌碌无为"。

今日生活的方式，变成了分秒必争的紧张状态，不仅是非做不可的工作量的急速增加，同时，我们对于时间的感觉也加速了。

在这个讲求速度的时代，无论是学生、企业界人士，还是家庭主妇，都必须绞尽脑汁，想法在很少的时间内，做完更多的事情，以便制造自我改善的机会，增加团体以及家庭服务的时间，甚至提高收入，增进生产能力。

时间并不像金钱以及原料，可以预先蓄积。不管你喜欢或者不喜欢，每分钟都会给你60秒的时间消费。你只能立刻把它消费，也就是说，你只能消费现在这个时刻。

那么对管理者来说，什么样的时间观念才算是正确的呢？这是一个见仁见智的问题。只要管理者不对时间抱任何成见，或加诸任何价值判断，而视之为中性资源，就可能对它做出比较有效的运用。

在今天这个高速发展的时代，"时间就是金钱，效率就是生命"已成为人尽皆知的名言。而效率的高低，又是和时间的节约密不可分的。争取了时间，就能创造更多的价值，获得更高的效益。因此，讲求效率，实际上反映的是人们对时间更加重视。不讲究时间和效率的社会，只能是死气沉沉的社会。消沉、懒惰，会使一个民族退化甚至消亡！因此，珍惜时间应该成为人们必备的生存意识。

时间无限，生命有限。在有限的生命里能倍增时间的人，就拥有了做更多事情的资本。

古语说"一寸光阴一寸金"，而事实上"寸金难买寸光阴"，时间是不能用金钱来购买的，时间是无法批发或零售的。

时间是组成生命的材料。没有时间，生命就无法衡量，一切将失去意义，一切生命将黯淡无光。时间就是生命，这绝不是空头理论。

明确你的时间价值观

如果你不知道自己的时间价值观，就会像苍蝇一样乱冲乱撞，这是对时间最大的浪费。

——何棠明

在繁忙的生活中，很多人都在忙着用生命去赚钱，却很少有人去规划一个值得拥有的生命。如果你也是这样，也许就会像下面这个故事中的狐狸一样忙来忙去，到头来还是一场空。

有一只狐狸想溜进一个葡萄园里大吃一顿，但是栅栏的空隙太小，它钻不进去。在狠狠地节食了三天后，它总算能钻进去了。但是当它大吃一顿以后，却又出不来了，只好在里面又饿了三天，才出来。这只狐狸感慨地说："忙来忙去，到头来还是一场空。"

当你一个人静下来的时候，你有没有问过自己："每天忙来忙去，我到底在忙什么，我真正追求的是什么？"

只有懂得了自己最想要的是什么，才会产生有效管理自己时间的迫切愿望。然而，我们要管理的其实不是时间，而是我们自己，是对自己价值观的管理、对自己状态的管理及对自己行为习惯的管理。

大多数人衡量时间管理是否有效的标准是自己是否需要常常加班，是否有更多的时间留给自己和家人，是否能够按时完成工作。这是以偏概全的错误，是治标不治本的，虽然暂时能缓解焦虑的心情，也能实现一些短期目标，最终还会陷入迷茫的状态。那么，究竟应该如何衡量时间管理的有效性呢？也许，你能从下面这段话中得到启示。

你知道什么是沮丧吗？那就是当你花了一生的时间爬梯子并最终达到顶端的时候，却发现梯子架的并不是你想上的那堵墙。

这段话揭示了时间管理的最大失败——不了解自己的价值观，不知道对自己来说什么是最重要的，把大多数时间花在次要事情上了。

时间管理的关键，就是首先要明确自己的价值观，按照自己的价值观度过每时每刻。这是所有成功者的共同特质。

因为价值观是决定我们如何做出选择和行动的关键因素，所以如果你不知道自己的价值观，就会像无头苍蝇一样乱冲乱撞，这是对时间的最大浪费。

　　如果你希望自己获得不凡的成就，创造卓越和美满的人生，那么就一定要找出自己生命中最重要的价值，然后确实依照自己的核心价值来过好每一天、每一刻，这正是时间管理的根本所在，同时也是最容易被忽略的部分。

　　当我们说什么东西有价值时，那表示它对我们有某种程度的重要性；当你喜欢某样东西时，那就表示它在你的心中具有一定的分量。我们可以把"价值观"的定义理解为：我们相信在生活中有最重要、具有最高优先度的事情，它将直接影响我们如何付出自己的时间、精力和金钱，也决定了我们的生命品质。

　　我们要认识到，管理自己，就是要管理自己的时间；管理了自己的时间，就等于管理了自己的生命。

让时间在你心中重要起来

随着岁月的增长，我们对时间的价值越来越敏感。

——哈兹里特

　　格鲁夫认为："在所有的批判家中，最伟大、最正确、最天才的是时间。"富兰克林的名言是："时间就是生命，时间就是速度，时间就是力量。"

爱迪生在隆重的婚礼仪式上因突然想起一种解决自动电报的办法，竟撇下新娘和宾客直奔实验室；福楼拜经常为了写出文学精品，整夜不眠，以至塞纳河上的渔夫和轮船船长们都习惯地把那整夜通明的窗口作为前进的灯塔……

商业人士最可贵的本领之一就是让自己的每一分钟都更有价值，所以，在与任何人进行任何往来时，他们都能简捷迅速，这是一名成功者要具有的通行证。一个人只有真正认识到时间的宝贵，他才有意志力去防止那些爱饶舌的人来打扰他。在美国现代企业里，能以最少时间产生最大商业效力的人，首推金融大王摩根。

摩根在晚年时仍然是每天上午 9 点 30 分进入办公室，下午 5 点回家。有人对摩根的资本进行计算后说，他每分钟的收入是 20 元，但摩根自己说好像还不止。所以，除了进行生意上特别重要的商谈外，他从来没有与人谈到 5 分钟以上。

摩根总是在一间很大的办公室里，与许多职员一起工作，他不像其他的很多商界名人那样，只和秘书待在一个房间里工作。摩根会随时指挥他手下的员工，按照他的计划去行事。如果你走进他那间大办公室，是很容易见到他的，但如果你没有重要的事情，他绝对不会欢迎你。

摩根有极其卓越的判断力，他能够轻易地猜出一个人要来洽谈的到底是什么事。当你对他说话时，一切转弯抹角的方法都会失去效力，他能够立刻猜出你的真实意图。具有这样卓越的能力，真不知道使摩根节省了多少宝贵的时间。有些人本来就没有什么重要事情，只是想找个人来聊天，而耗费了工作繁忙的人许多重要的时间。摩根绝对无法容忍这样的人。也正因如此，他才能取得如此巨大的成就。

可见，要想获得成功，你必须善于管理你的时间，让你的每一分钟都更有价值。

时间是成功赖以生存的土壤，是验证我们智慧和毅力的试金石。每个人都知道时间的珍贵，却只有很少的人在行动上珍惜时间的价值。

计算你的人生时间

成功的关键在于预算你的时间和资源。

——托马斯·卡莱尔

你的一生究竟拥有多少时间？你已经度过了多少人生时间？你的剩余时间还有多少？你思考过这些问题吗？停下手头的工作，静下心来认真盘算一下你的人生时间，这将大大有助于你对时间的管理以及对生活的掌控。

有一句名言：成功的关键在于预算你的时间和资源。许多成功人士成功的重要原因就是很好地利用了工作时间（人生的 1 / 3

时间），甚至经常把另外 2/3 的时间也利用起来。人生就是利用个人的时间和资源来谋求成功的过程。

人生有 1/3 的时间要用来睡觉，1/3 的时间用来做其他的事情，真正用来工作的只有 1/3 的时间。人与人之间的不同，差距在于业余时间是以不同的方式度过的。时间是最有情，也是最无情的东西。时间每人都拥有，非常公平，但拥有资源的人不一定成功，善用资源的人才会成功。白天图生存，晚上求发展，这是21 世纪对人才的要求。

下面是比较具体的人生时间计算：

我们假设人生共有 70 年。

人的一生中站立的时间最长，在不知不觉中站了 30 年。

睡卧的时间居第二位——23 年，为此，不要忽视你的床榻、休息环境与条件。

准备一把舒适的椅子吧，坐着的时间居第三位，人一生要坐17 年。

尽管劳动是生活的必需，可人用于工作的时间总共才 10 年至 12 年。

人补充能量的时间竟是工作时间的一半——一生中要在饭桌上度过 6 年。

长嘴就要说话，人一生用于交谈的时间需要 2 年。

看电视已是当代生活的一部分了。且不说那些整天坐在电视机前的人，仅从《新闻联播》开始计算，至正常的就寝时间止，人一生要在电视机前度过 2128 天（昼夜），约 6 年。

其余的内容我们以天计数，一天当然是 24 小时。

人一生要笑——623 天。

做饭——560 天。

感冒——500 天。

学习——440 天。这 440 昼夜是指学校以外的学习。

接受中小学义务教育——405 天。

节日活动、家庭聚会、学友联谊——375 天。

书信往来、填写各类表格——305 天。

书报阅览——250 天。

打电话——180 天。

女性一生用于穿戴打扮的时间约为 531 天，男性大为逊色——仅 177 天。

刮胡子是男人的"专利"，一生要为它付出 140 天的时间。

在洗澡的时间分配上是男女有别：男人一辈子用在洗澡上的时间是 117 天，女人则多得多——531 天。

你似乎慢慢会惊讶于以上的计算结果，人生的时间就是这样消失的。

人类如同乘着"地球"号的船，在时光的河流中下行。船以一定的速度不断行驶，任何一个乘客都没有速度上的差异。船上的人像囚犯一样，绝没办法从船上跳下来，阻止流水的前进。

像这样，在时间的河流中，你究竟已过了多少时间？今后又有多少时间可以过呢？人类的平均寿命不断在增加，若暂定为70岁，那么现在35岁的人，此后的人生仅剩一半，50岁的人则只剩1/3。纵使自己多么拼命地想活下去，但因为疾病及外界所引起的事故，说不定明天就会失去生命。因此，要记住剩下的时间随时有消失的可能。

如此一来，我们会惊觉自己还有很多该做而尚未完成的事情。因此，心中不免对于想做的事、想看的事物及一直憧憬变成的人有所遗憾。为了完成这些事情，不得不有效地使用剩下的时间。然而，光是焦急、慌张不仅无济于事，反而会败事。时间看来很短，但实际上你善加利用就很长，所以，当务之急就是要珍惜岁月。安静下来，好好考虑一下如何有效地利用剩余的时间。

你有没有想过，还有多少时间可用于自己的职业生活以及私人生活？

在我们已经习惯了的这个时代，动不动就以百万元甚至上亿元的金额来计算。下面这张快速列出的时间账单肯定对你有所触动。

我的个人时间资本

60岁：退休年龄

现在年龄：＿＿岁

至退休尚有工作资本：

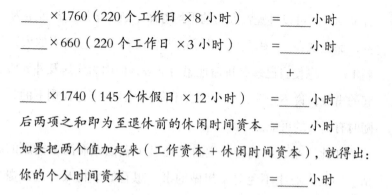

____ ×1760（220个工作日 ×8 小时）　　　=____ 小时

____ ×660（220个工作日 ×3 小时）　　　=____ 小时

　　　　　　　　　　　　　　　　　　　　　＋

____ ×1740（145个休假日 ×12 小时）　　=____ 小时

后两项之和即为至退休前的休闲时间资本 =____ 小时

如果把两个值加起来（工作资本＋休闲时间资本），就得出：

你的个人时间资本　　　　　　　　　　=____ 小时

对这个结果，许多人也许有些意外，在这个账单中，休闲时间资本大于工作资本。当然，对于每天工作时间和所拥有的时间的假设未必完全符合每一个人。

请你根据自己的情况对工作日和工作／休闲时间略作调整！但其结果依然是：

个人的时间资本依照个人的寿命的不同约为几万个小时！

即使一天工作 10 个小时，一个人在其职业生涯中拥有的工作时间也不到 90000 小时（40 年 ×220 天 ×10=88000 小时）！

把工作时间资本和休闲时间资本合在一起作为总的资本，而且按较高的标准来生活，一个人最多拥有 200000 小时的时间！

正如时间管理学者艾伦·拉克因所说："你一生中最重要的东西，说来说去最后还是你的时间。"

一天不是 24 小时

时间最不偏私，给任何人都是 24 小时；时间也最偏私，给任何人都不是 24 小时。

——赫胥黎

客观上，时间对于每个人来说都是公平无私的，但是只要你用心地去挖掘时间的潜力，扩大时间的容量，一天并不仅仅是 24 小时。

英国作家保罗·迈耶也曾说过："在大多数情况下，时间是一分钟一分钟浪费掉的，而不是整个钟头浪费的。水桶的底部如果有一个小洞，水很快就会漏光，结果跟有意把水倒掉一样。"

你感觉得到也好，感觉不到也好，其实你每天都面临着时间的不断流逝。

时间弥足珍贵，但它并不会因你的不舍而留步。你唯一能做的是变 1 天 24 小时为更多，从而延长自己的生命。

爱迪生在 79 岁时，就宣称自己是 135 岁的人了。因为他如此高效的工作，一天"省"下几个小时，一年就比别人多出几个月！即使我们再忙，如果充分利用闲余时间、点滴时间，在做事时提高效率，省下几分钟，那一天至少可以多出两个小时。

如果你从 20 岁工作到 60 岁退休，每天能挤出两个小时，有计划地从事某一项有意义的工作，那么，加起来就可达到 29200小时，即 3650 个工作日。整整 10 个年头！这是一个多么诱人的数字，足可以干一番事业。难怪发明家爱迪生在 79 岁时，就宣称自己是 135 岁的人了。

精确地计算时间，才能精确地安排时间。雷巴柯夫说过："时间是个常数，但对勤奋者来说，则是个变数。"要科学地支配时间，时间管理者就必须彻底清除含糊不清、陈旧的计时单位和计时方法。诸如"下午给你打电话"，"走了一会儿啦"，"吸支烟的工夫"，等等。这些表示时间的单位和方法，写小说可以，放在工作中就不适合了。一顿饭可以吃 10 分钟，也可以吃 2 小时，甚至更长，用"吃顿饭的时间"来描述时间长短是极不准确的。这些含糊不清的时间概念，必须彻底抛弃。

200 多年前，俄罗斯军事家苏沃洛夫说："一分钟决定战斗结局，一小时决定战局胜负。""我不是用小时来行动，而是用分钟来行动的。"战争需如此，其他事亦需如此。

精明地利用时间，最重要的措施就是大大减少浪费掉的时间。说到底，失去的东西再也无法利用了。切斯特菲尔德勋爵说："我建议你们利用好小段时间，这样大段时间自然就会有了。"

善用时间就是善用自己的生命。许多人很难使自己的每一天都朝着正确的方向前进。有些人的问题是积极性不高；有些人的问题是对自己要求不严；另外一些人的问题仅仅是一种积习，这种积习使他们躺下而不是向前行；还有人对自己做什么、什么时候去做不甚明了。

你要抓住每一天,并下决心将每一天延长。如果你的每一天都比别人多出 1 个小时,你的人生也许将大大改变。成功女神是挑剔的,只让那些能使一天时间超越 24 小时的人接近她。

谁偷走了你的时间

要管理好自己的时间,警惕时间窃贼的偷袭是很重要的。

——洛塔尔·赛韦特

你是否常在早上 9 点就开始投入某项工作,却到中午都还无法完成?待在办公室的时间长达 8 ~ 10 个小时却什么事也没做好,只觉得自己花费了无数的宝贵时间,却没有任何显著的成果。你可知道原因何在?那是因为你任由别人打扰你。

每天总有许多人会在不知不觉中从你手中夺走不少宝贵时间。每次有人敲门进来,可能就要夺走你 15 分钟。假如说你答应帮助别人解决某个难题,不消说,你已经准备搁下自己的工作了。此外,如果电话铃声响了,内容可能涉及业务,也可能只是闲谈交际,但在你挂断电话以前,可能就有半个小时不翼而飞了。

经常被打扰不仅是时间的浪费,还会影响你的工作状态。

一旦着手进行工作,工作的动力就会源源不绝,在你头一次受到打扰以后,也许得花上几分钟的时间来收心,而且另外还得再稍微回顾一下，看看刚才的进度，换句话说，你必须从头再看一遍资料。受到第二次打扰以后，你得花上更长的时间来重整旗鼓，等到第三次、第四次再遭到打扰以后，你可能会认为——反正是做不完的啦！然后对自己说："这件事情先搁着，等有空的时候再来做。"结果一直等到快下班了，这件工作仍然毫无进展，可是一天的时间已经白白浪费了。

下午，小墨正趴在桌子上做着预算表，但上司临时找他去处理一件其实不太紧急的事情。小墨本想拒绝，那本是同事小杜该做的，而小杜正在办公室和女朋友聊天。可是小墨又碍于上司情面，只好答应下来。但是，当小墨处理完这件事后，就快下班了，而预算表第二天早上就要交上去，于是小墨只好省掉吃饭和休息的时间，一直加班到深夜时分才饿得头昏眼花地回去吃泡面。小墨望着泡面盒盖，苦笑不已，在极度疲劳之中所做出来的预算表很不理想，明天准会挨老板一顿骂。

小墨的悲剧该怪谁呢？其实他可以这样做：在了解上司的意思之后，直接向上司表明这是一件不属于他的工作，并且明确告诉上司，手边正在进行一件无法延误的工作，因此这项任务还是请其他同事完成吧。明智的上司会考虑到小墨实际的工作情况，而答应他的要求。

避免分心的重点就在于，尽可能地把这些会妨碍你的人、事、物阻挡在外。你可以把门关上，把自己的办公桌搬离走道，用电话录音帮你过滤电话，在门上挂上一张"请勿打扰"的牌子，以避免受到打扰，或请别人安静。如果你肯花心思去想的话，就会想出许多方法，避免自己受到打扰。

如果别人的打搅真正造成你的困扰时，不妨试试看，一天当中空出一段时间，跟找你的人见见面、接听电话。把其他时间视为"私人时间"——你可以工作而不会受到干扰的时间。大多数人认为若能在一段时间内不受到打扰，就能做完更多的事。

这部分主要的构想就是要你依照自己的时间表做事，而不是顺应别人的时间表做事。虽然这不是一直都可能做到的事。但是，你越能控制好自己的时间，就越能主宰自己的人生。

避免时间无谓的浪费

对于时间，不去在意它，不去珍惜它，你终究会发现，这是你一生中最大的错误。

——佚名

清晨，常锐在上班的路上想着一天的工作计划，并信誓旦旦地下定决心，一到办公室即着手草拟下年度的部门预算。他8点半准时走进办公室，但他没有立即开始工作，而是看到有的同事拿着抹布擦桌子，有的同事在拖地板，于是他也收拾整理了一下办公室。

他总共花了30分钟的时间，才使办公环境变得有条不紊。

他虽然未能按原定计划于9点钟开始工作，但他丝毫不感到后悔，因为30分钟的清理工作不但已获得显然易见的成就，而且它有利于以后工作效率的提高。他面露得意神色，随手点了一支香烟，稍作休息。此时，他无意中发现报纸上的彩色图片十分吸引人，于是情不自禁地拿起报纸来。等他把报纸放回报架，已经10点钟了。这时他略感不自在，因为他还没开始工作。不过，他想，报纸毕竟是精神食粮，了解一下资讯也是必要的。何况上午不看报，下午或晚上也会看的。于是，他又心安理得了。正当他正襟危坐地准备埋头工作时，电话铃响了，是一位顾客的投诉电话。他连解释带赔罪地花了20分钟的时间才平息对方的怨气。挂上了电话，他去了洗手间。在回办公室途中，他闻到咖啡的香味，原来另一部门的同事正在享受"上午茶"，他们邀他加入，他心里想，预算的草拟是一件颇费心思的工作，若无清醒的头脑则难以胜任，于是他毫不犹豫地应邀加入，就在那儿言不及义地聊了一阵儿。回到办公室后，他果然感到精神焕发，本以为可以开始工作了，可是一看表，已经10点45！距离11点的部门联席会议只剩下15分钟。他想，反正这么短的时间内做工作量很大的年度预算是不够的，索性下午再说吧。

　　人们常在不知不觉中受到外界环境的干扰而越来越偏离原先的目标，又感到时间不够用，主要原因是人们浪费的时间太多了。

浪费时间的行为不能给生命带来积极的意义，只能让时间白白地消逝而去。我们应明白自己的追求，随时想着还有许多更重要的事等着自己去做，树立紧迫的时间观念，多反省自己的行为，避免时间无谓的浪费。

警惕时间管理的陷阱

法律从来没有像习惯那样有效力。

——阿德莱·斯蒂文森

　　在时间管理中，人们把那些不被注意却又占用宝贵时间的事称为时间陷阱。人们往往在不知不觉中便掉了进去，时间也就如同白驹过隙，不再属于自己。

　　生活中，时间陷阱非常普遍，可以说司空见惯，以致我们习以为常，身陷其中而不觉其害。我们常常苦于缺乏时间，实际上时间却被我们毫不在意地放走了。

　　时间管理的陷阱主要有以下几种，你一定要小心。

　　陷阱一：情不自禁。

　　由于兴趣的原因，人们常常喜欢做自己感兴趣的事情，并乐此不疲。越是年轻人，这种偏好表现得越强烈。比如，最典型的就是当今的在线游戏，很多人为它花费了太多的时间和精力以及体力，于是人们本来计划用于工作和学习的时间都被玩游戏侵占了。

要加强个人的时间管理，我们就要努力培养自我约束的能力，抵抗住兴趣偏好的诱惑。只要工作或学习需要，哪怕是在兴头上，也一定要放下。

陷阱二：犹豫不决。

一些人认为问题考虑得越周到越好，对工作总想等条件完全具备了再干。这种人的特点是多谋而不善断，长于心计而疏于行动，事情总是久拖不决、久等不办。

犹豫不决，会使我们错失许多机会。因此我们要坚决果断，把事情的前后左右因素考虑周全之后，选择最佳的方案果断处理。

陷阱三：标准过高。

有些时候，人们按照自己的价值观，对自己的期望多于自己可支配的时间。这时候，人们常会由于自己的时间管理标准过高而无法实现，导致自己陷入无边的痛苦。

你要把你的标准降低，不要让别人的看法影响自己。你制定标准的时候，往往与自己所受教育和父母的期望有关。你应该学会在自己父母的面前说："我感谢你们为我所做的一切。但现在我已经独立了，而且我要用自己的方式生活。"

陷阱四：漫不经心。

一些人对时间和各种事情都是抱着漫不经心、无所谓的态度，任由时间匆匆流逝。许多宝贵的时间就是这样在人们的不经心、没有计划的随意中浪费掉。

人生苦短，时间是人们的财富，只有珍惜时间的人才会有巨大成就。因此人们做事一定要制订完善的时间计划，并严格遵守。没有列入计划的事情，一定要克制住自己的冲动，克服自己自由散漫的作风。

陷阱五：喜欢拖拉。

做什么事情都习惯一拖再拖，这是一种非常不好的习惯。事实上，我们每个人都或多或少地存在着这种不良习惯。我们常常因为拖延时间而懊恼不已，然而下一次又会惯性地拖延。

意识到自己有这样的习惯后，你应该牢记一句话："立刻去做！"当你想把事情放下的时候，你就要默念这句话，驱使自己把事情做完。同时，当你克服了拖延完成一件事情的时候，及时给自己一些奖励。即使你行动的步子很小，也要肯定自己、记录进步。

在社交中谈话漫无边际、天南海北，或总想弄清每个细枝末节，也会占去大量时间。这其中有双方出于礼节、为了表示热情而互相客套，也有可能是对方无所事事而来消磨时间。对此必须掌握适可而止的原则，给予对方礼貌的暗示，不失时机地结束意义不大的谈话。应该明确，友好和礼貌并不是以谈话的时间来度量的。

礼仪性的社交占用了我们大量的时间，机场、车站和码头的迎来送往，宾馆和饭店的握手言欢，这些交际应酬，有的是必需，有的纯属"陪会""陪宴"，如能简化和更重实际，将会为我们节省更多宝贵的时间，做更重要的事情。

时间管理的陷阱往往都是你自身的习惯引起的，要避开陷阱就要从改变不良的习惯开始。

第三章

制定目标和计划，
让你的时间有条不紊

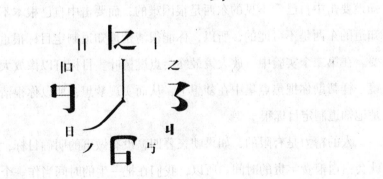

目标很重要

一个人之所以伟大，首先是因为他有伟大的目标。

——华兹华斯

时间管理专家何常明在《用好时间做对事》一书中设了这样两个实验：

如果给你一个球，让你打中离你 5 米远的一堵 3 米高的墙，你能做到吗？当然没问题！可是，如果把你的双眼蒙住，带你向后走 5 步，然后转 10 圈，那你还能轻松地打中那堵墙吗？

将一面放大镜对准一堆干树叶，让透过放大镜的太阳能汇聚到一点上，很小的一点，不要移动，你知道最终会发生什么事吗？

以上实验说明一个问题：目标很重要。在第一个实验中，你知道要击中自己看不见的东西是很困难的，而要击中自己根本不知道的东西是不可能的，所以，你能很清楚地知道制定目标很重要。在第二个实验中，放大镜最终会点燃树叶。目标可以像放大镜一样帮助你把焦点集中在梦想上，从而实现梦想，所以你很清楚地知道制定目标很重要。

人的精力是有限的，如果朝三暮四，没有做事的明确目标，就会白白浪费宝贵的时间。所以，我们在把一生的时间当作一个整体运用时，首先要考虑用在哪儿，就是说首先要选好目标。目标是成功的起点，时间管理的目的是让你在最短的时间内实现更多你想要实现的目标。

如果没有目标，人生就会产生强大的负面能量，很容易受到一些微不足道的，诸如忧虑恐惧、烦恼和自怜等情绪的困扰。它们只会让我们像无头苍蝇一样乱撞，让时间从我们的生命中偷偷溜走。只有不足3%的成年人会写出自己的目标，并据此目标为每天的工作制订计划。当你坐下来写出自己的目标时，你就可以跻身于这3%的杰出人士之中了，而且你很快就能取得与他们不相上下的成就。

没有目标是时间管理的最大禁忌，同时也是最容易被忽略的。目标越明确，注意力越集中，你就越容易在时间的选择上做出明智的决定。在最重要的事情上投入的时间越多，你取得的进展就越大，而得到的回报也会更多。成就越大，你的自我感觉就会更好，会有更多的自我肯定，同时准备自我超越的欲望也就越强。这样，你将会处于一个不断上升的螺旋轨道上，不断地向一个又一个更高的目标发展。

目标是时间管理者做事的导航灯。没有目标，我们就不会努力，因为我们不知道为什么要努力。没有目标，我们会失去机遇、运气和别人的支持。因为不知道自己到底想要什么，也就没有人能帮助你；就像大海里的航船，如果不知道靠岸的码头在哪里，也就不明确什么风对你来讲是顺风。成功，在开始仅仅是一个选择。

进行时间设计

平凡的人只想到如何度过时间，而成功的人想的是如何设计时间。

——叔本华

若要使整个人生获得成功，就必须画一幅生活蓝图，进行时间设计。只有这样，今天的付出才会取得明天的成功。

设计个人目标计划时，我们建议你把健康、成绩、人际关系和慎思平衡模型以及生命角色方案作为出发点，找出你的目标。

（1）健康：你打算怎样合理饮食，适当休息，保持健康体魄？

（2）成绩：你怎样做才能使工作成绩斐然？

（3）人际关系：你怎样维系与家人、朋友和其他人的关系？

（4）价值：你怎样在发展自我的同时实现人生的价值？

（5）生命角色：你怎样把每个角色发挥得更好？

"今年我要多做运动"，这并不是一个很恰当的目标，最好这样表述："从这个星期起，我坚持一个星期内至少4天锻炼20～30分钟（慢跑、游泳、骑自行车、滑旱冰），消耗350卡热量，体重保持在75公斤以下；如果体重超过75公斤，那么我马上开始每天只吃水果或进行其他的节食。"

时间设计并不等同于制定目标。目标是你希望达到的目的地；而时间设计就如同一张图纸，要在这张图纸上标出每个时间段将要进行什么样的活动。

有些人善于设计自己的时间，他们守时、准时、省时。他们先设计自己的时间计划，然后再行动，这样就不容易使自己在实现目标时轻易浪费时间了，从而提高了实现奋斗目标的效益。你也许没有意识到，但你一直在这样做，也就是说，你在设计着你的每一分钟或者每一小时，也可能是每一天。当你睁开惺忪的睡眼，首先要做的是看一下墙上的闹钟，你要用时间去衡量自己的一切。比如，用 5 分钟刷牙、10 分钟洗脸、15 分钟吃早点等。虽然这看似小事，却能使你养成办事条理分明的生活习惯。

　　设计时间首先要从自我设计开始。如果你是一名学生，就应该计划好自己的学习时间；如果你已走入社会，你就应该设计好自己的明天。但是设计时间时一定要注意方向性。人一旦有了目标，就要设计好自己的时间路线图，要想尽快实现目标，经自己深思熟虑后的设计往往能避免走一些弯路，能更直接地达到目标。

明确自己想要怎样的人生

只有明确自己想要什么样的人生，你才能不白活一世。

——歌德

　　人生最基本的财富就是"时间"。"时间"对于每个人来说都是有限的，我们也只能在有限的时间中实践自己的计划和理想。

如果有人问你："你的人生目标是什么？""你在未来的三年中准备做些什么事？"你一定认为这是老生常谈的事。但是，你是否真的认真考虑过这样的问题，你可知道"人生目标"对你一生的重要性？

现代社会人类生活工作的节奏越来越快，要做的事越来越多，如何从纷繁复杂的大小事情中找到你真正要做的事，冲破迷雾进而明确人生目标呢？这时你需要的是计划，短至日常工作计划，长至整个人生计划，由它们领你在人生路上节节胜利。

一个没有人生目标的人就像一艘没有舵的船，永远漂流不定，只会到达失望、失败和丧气的海滩。

这里所说的人生目标也就是你的人生使命。如果想给自己找到更多的时间，最符合逻辑的出发点就是拥有人生使命感。不要把模糊不清的想法当成使命感。认真思考，把思考的结果用笔记下来。你的人生使命宣言也许只是简单的一两句话，也可能是一个鸿篇长论。不要因为这样做很困难就轻易放弃，万事开头难。

使命是没有任何限制和束缚的。它激励人们克服恐惧，突破偏见，去探索一切可能。当你真正认准了目标，由此真心想干点什么，并自我约束去努力，使命就开始了。个人的抱负把工作和团队融为一体，拥有健康的身体和美满的家庭，以最杰出的人的价值标准为行事准则，这些就是"健康人格的基本特质"。

人生目标是如此重要！只有知道使命的人才能完成使命。人生像骑自行车，除非你是向上、向前往目标移动，否则你就会因难以平衡而跌倒。

不论你从事什么职业，都没有什么不同，不论你是医生、商人、律师还是推销员、牧师等，都有富裕的人跟你从事相同的工作。一些富裕的人经营服务业，但也有一些服务业的企业主破产了；有一些富裕的人从事推销，也有贫穷的人在推销；有富裕的律师，也有贫穷的律师……这个名单列也列不完。机会首先跟个人有关，然后才跟职业有关，职业只有在个人尽其所能时才会为他提供机会。

不管你做的是什么，在相同的职业上已有许多人做出过重大贡献。使你成功或失败的不是职业或专业，而是你对自己以及职业的看法。伟大的目标应该是"你必须在伟大之前，先看到它伟大"。

人生目标的设定有如下7个步骤。

（1）先拟出你的人生憧憬。

（2）列出好处：达到这目标有何好处？譬如有一个目标想买房子，列出买房子有哪些好处。

（3）列出可能的障碍点：要达到此目标的障碍，可能是钱不够、能力不够等，一一列举。

（4）列出所需资讯：思索需要哪些知识、协助、训练等。

（5）列出寻求支持的对象：一般而言，很难靠自己一个人即能达到目标，所以应将寻求支持的对象一一举出。

（6）制订行动计划：一定要有一个可行的行动计划。

（7）制定达到目标的期限。

憧憬和思考完后，你应拿出几张纸、一支铅笔或钢笔、一只带有秒针的手表或时钟，为自己设定15分钟时间。在纸的最上端写下问题："我的人生目标到底是什么？"在确定人生目标的时候，你应该意识到，你在15岁、25岁，以及65岁时所得到的答案是不同的。所以你可以把人生目标看成自己当前看待人生的方式和视角。

好了，接下来你可以用2分钟时间列出所有的答案。如果必要的话，你可以只写出一些抽象或者是泛泛的目标，但仍然应该有时间来写出自己的个人、家庭、社会、职业、财务、社区以及精神层面的目标。尽量列出所有的目标。尽量在两分钟时间里写下尽可能多的字。在这一阶段，你不需要对自己写下的目标负责，所以你可以尽量写出自己当时想到的所有目标。

不要害怕写出那些看起来距离自己很遥远的目标，比如说登上珠穆朗玛峰、休假一年、退休后在意大利建座房子、买艘游艇、生三胞胎、每天慢跑一小时、减掉40磅……毕竟，胡思乱想本身并不是一件错事。

然后你可以多给自己2分钟，对刚才列出的清单进行必要的修改，达到让自己满意的水平。

设定好了目标再前进，你走的是直线，在路上的时间必定大大节省。

制定切实可行的目标

不可行的目标没有任何意义。

——查尔斯·奥古斯丁

社会上有太多的人，甚至一些相当出色的人，就是因为目标不明确、不具体而一事无成。

如果目标与实际相去甚远，与自身条件相去甚远，那实现梦想的机遇就会很少。如果为一个不可能达到的目标而消耗精力和时间，那同浪费生命没有什么两样。

明确可行的目标可以促使一个人行动，提高他的执行效能。订立可行目标往往是最能战胜挑战的方法，可行的目标是一种更能鼓舞人，也更激励人的过程，这也是一个人能否成功的一个关键因素。

目标必须实在，而且不要太遥不可及，应该是在达得到的范围内。千万不要错认自己可以在一天内完成所有的事。

因此，如果你想成为一个成功的人，无论做什么事，首先要立足现实，为自己制定一个可行的目标。

怎样才能确保你设定的目标切实可行呢？

确立工作的目标之前需要对一切深思熟虑，要权衡利弊关系，考虑各种内外因素，从众多的目标中精选其中之一，使这个目标最适合你。

哈佛大学管理专家史蒂夫教授发现，虽然某些目标难以完成，但是如果一个人的目标能达到以下 4 个要求，它将易于完成。

1. 具体化

如果你设定一个这样的目标：完成一本书的创作，这仅仅是一个设想，你会把它停留在设想上。如果你这样设定：3 个月内构思出书的脉络，2 年内完成书稿，6 个月优化整理，那你的目标就是具体的，就很可能实现。目标具体的另一好处是：它可以让你更清楚地知道自己是否在向目标靠拢。

2. 可行性

在综合考虑所有资源的情况下，比如时间、金钱、教育、精力、经验及技能，你的目标能在以一定时期完成，比方说不管目标设定过高或过低，3 年的时间确保没问题，一定能完成。

3. 意愿性

你是否真正想要达到这一目标？如果想得到这个新的目标，你愿意牺牲目前生活中的哪一项去交换？也许你所获得的比你失去的多，可能你因职位升迁而尝到了权力的滋味，你却为随之而来的难以承担的责任而感到困惑。如果这样，你应好好考虑一下，这个目标的实现对你是否有足够的吸引力。

4. 时效性

期限的规定可提升生产力与工作品质。要在最后期限内达到预定目标，那就把最后完成期限分成更为小的完成期限。你可以要求自己分别在上、中、下旬完成某些工作，有了一个最后期限的压力，可促使你工作更为努力；而设定小的完成期限，则可分散工作压力，并能集中精力，完成当务之急的事。

把目标清楚地列出来

如果只是在"头脑里"形成了目标，那我们就不会关注它，而且目标也很容易被推翻。

——洛塔尔·赛韦特

为了清楚自己各方面的目标，应该安排一个安静的环境，一个人独处，让自己冷静思考自己的各项目标，然后将目标具体地写在随身携带的记事簿上。这样做可以随时参考，并加以检查、修正。

虽然很多人曾经思考过他们的目标，但很可惜的是，绝大多数的人并没有将他们的目标写下来，只是在脑海里反复思考。然而，想法稍纵即逝，隔天也许就不记得了，即使记住也可能不够完整。所以对于自己的目标这么重要的事，一定要写在记事簿上，这样才能不断加深对目标的印象，使目标进入自己的潜意识，让自己更自觉地向目标迈进。

书面上的目标，可以产生自我激励的心理功效。在轻松完成日常工作的过程中，你的行动更加具有目的性。

列出目标还有助于对多个目标的实现进行优先认定。

你应该拟定目标清单。依据目标的经济价值和社会价值等，

——列举目标清单，并分为成果目标和过程目标。再将这些目标按次序排列，分清主次，以选出时间区段的最优目标，也就是要立即执行的目标。

不假思索地快速列出生活目标的时候，你可能会写下一些比较空泛的目标，比如说"获得幸福""取得成功""有所成就""赢得爱情""为社会做些贡献"，等等。在列出这些目标之后，你可以用第二个问题来进一步改进自己的目标：我将如何度过以后3年时间？如果你的年龄已经超过30岁的话，建议你把"3年"改成"5年"。同样，先给自己2分钟时间，尽量列出所有可能的答案，然后再给自己2分钟，对已经给出的答案进行补充。

你可能有下面的疑问："为什么清楚地列出目标这么重要？目标放在心里不也一样吗？"

没错，将目标放在心中绝没有什么不对的，然而一旦将其明确地用白纸黑字写出来，就会更加确切地变成了自己的目标。如此一来，你的意识会明确地下达一个命令给你——努力去实现吧！

我们都知道，潜意识如果确立，不论任何目标，它都具有一种强大的实现力量。所以，一旦你将目标成功地变成潜意识，那么你就等于成功了一半。你将会得到一种崭新的、强大的支持力量，该力量会立刻动员一切资源来帮助你达到目标。

潜意识是所有智能的基础，各种力量的伟大贮藏库及创造力的源泉。然而，潜意识具不具有对自身批判的能力呢？这一点，还希望各位自己思考。这里所谓的判断力并不是一句质问怀疑的话，而是一种认真负责的态度——我有决心要完成此目标。

通过纸笔，一旦你将目标明确地写出来，则是表示自己要认真地负起责任，这个表示，就是我们说的第一步。

下面，你就可以立即行动了。拿出一支笔，把自己的目标清楚地列出来，包括近期的和远期的。

为目标制订计划

做好计划，规划好时间，在实施计划的过程中便可以节省时间。

——戴夫·卡尔

人们无法实现目标或无法在最后期限按时完成任务，其首要原因是什么？是现实。他们没有留出犯错误、被干扰和出现意外的余地，也就是说，他们做事没有计划。

所以，从一开始或者至少在潜在的困难或变化出现之前就要加以预测，而且要不断审视自己的进展，这样做非常重要。要尽可能及早发现问题，并制订出避免问题或克服困难的计划。

乐观固然是好事，但有时人们在确定目标时没有设想会出现任何差错。实事求是，承认出现问题的可能性，这一点非常关键。实际上，应该了解所有可能出现的问题，然后制订出应急计划。

如果计划中留出了出现差错的余地，那么你对按时完成任务、实现目标会更有自信。这时你就可以乐观了，这才是切合实际的乐观。

我们把时间计划得越好，便能越好地利用它来实现工作及生活目标。所谓计划，就是为了实现目标而做好准备。计划的好处是：

（1）可以更快更好地实现你的目标。

（2）为真正重要的工作和目标节约时间。

（3）对工作一目了然。

（4）完成一定的计划时，让你感受到成功的喜悦。

（5）可以更好地掌握工作进程，以便规划下一步行动。

有人问过一个非常成功的企业家，什么是他成功的秘诀，他说，不管什么事情，要成功必须做到三件事：计划，计划，再计划！这个建议很有道理，你可以想象盖一间房子却没有施工设计图吗？要用什么材料、什么工具，要在哪里打地基，要盖成什么形状，有几层楼？如果没有计划，你就不知道要如何开始。

同样的道理，不管你要得到什么，一间房子、一条船、一辆车，都需要行动计划表。如果我们有了行动计划，我们就可以依照想要的样子去设计生活。

计划表对实现目标是非常有效的，因为这会激发出许多不同的方法，是你以前所没有想到的。有些事情给人第一印象是"不可能"，可是当你坐下来写一张行动计划表，你就会发现，还有许许多多的可能性呢！你只要列一张10项行动计划，写下10个可能性。

比如你需要10万元才能成立自己的杂志社，你就可以写10个可能性。

（1）找个人或公司企业来投资10万元。

（2）找2个股东，各投资5万元。

（3）找5个股东，各投资2万元。

（4）找10个股东，各投资1万元。

（5）找20个股东，各投资5000元。

（6）找50个股东，各投资2000元。

（7）找100人来投资，各出1000元。

（8）找200个人来投资，各出500元。

（9）向银行贷款。

（10）把构想卖给出版商，与出版商以合伙方式合作。

一旦你把各种可能性都列出来，整个计划看起来就不那么困难了。

聪明灵巧的时间管理者会规范好自己，并坚持一套事务规划和流程的循环，这套循环就是切实可行的计划。它应具备如下内容。

（1）以1天到3天的时间重新处理年度计划。

（2）以半天到 1 天的时间进行季度计划。

（3）以大约半天的时间进行月计划。

（4）每周的计划。

（5）每日日程计划。

周全的计划可以驱散惰性

你应该用周全的计划消除自己偷懒的机会。

——佚名

也许大家都有这样的经历：事情本来应该去做的，但总是迟迟没有行动。这就是人的惰性。

我们经常听到有人说："时间过得真快，回想起来，好像自己一直在做一些与自己无关的事而平白浪费了许多时间。"

人们往往觉得要做的事情太多，但又没有时间将全部的工作都做好，因而总是觉得自己一事无成。因为要做的事情太多，感到无从下手，因而形成一种惰性，最后随波逐流。这样的人生是非常危险的。

人在正常情况下，总是存着各式各样的希望：希望事业能够成功，希望能够轻松自如地工作，希望能够得到充分的休息，希望可以不去做自己不愿意做的事，等等。殊不知，所有这些希望的实现都与是否善用时间紧密联系在一起。如果要让时间有一个很好的利用，就得有一个周全的计划，计划是改变人的惰性的一种方法。

大多数人在碰到事情时才开始计划，也就是往往要到非做不可的地步时，才开始对事情进行计划；有的甚至要到被压得喘不过气来，或是觉得该去休假时，才想到要计划。这类人很容易陷入危机。

因为有些事情，确实需要经过周密的计划才得以完成，如果他们遇到这类事情，麻烦就不可避免了。这就是人的惰性所导致的。

一个周全的计划应该包括意外事件的处理，这样你就不会为计划无法实施而找借口了。在工作时手拿排得密密麻麻的计划表，按表索骥是毫无意义的。

事情不会完全按照我们的计划进行，总是有意料之外的事发生，因此，计划中必须预留空间，并针对可能导致失败的原因痛下针砭，如此才能让计划表发挥其应有的功能。

制订一个周全的计划有以下 6 个步骤。

（1）确定实施计划后的期望目标。

（2）找到完成计划的各种途径。

（3）选定最佳的计划实施方案。

（4）将这套最佳方案转化为每周或每日的工作事项。

（5）编排每周或每日的工作次序并加以执行。

（6）定期检查计划的执行情况和实施方案的可行性。

给计划呼吸的空间

一个灵活的计划表才是有用的。

——马克·曼西尼

制订计划表的目的，是为了尽快安排特定的时间，去完成重要的事情。

计划表上的时间安排应该是有弹性的。因此，对于最重要的事情，应该尽可能优先安排。计划表中的 A 目标，就是我们最应该注意的主要目标。

有时候，因为突发的事情，可能中断已经安排好的计划。但是，对于主要目标的时间掌握，要有整体的计划，也能由零碎的时间中加以运用，同样都可收到预期的效果。

这就是设定目标和工作时间表所能达到的理想效果。

为了完成 A 目标，如果时间紧迫，我们可以先停止 C 目标，甚至 B 目标的实践，全力完成 A 目标。例如在一周的计划中，可以每天抽 4 个小时进行 A 目标，如果到了周五，发现 A 目标还是不能如期完成，可以在剩余的两天中，增加 A 目标的工作时间量。简单地说，为确保证 A 目标的完成，必须为它抽调足够完成的时间。

当然，这种情况可能使心理产生一定的压力。但我们打个比方，如果每天都为自己的饮食做计划，包括摄取多少蛋白质、多少油炸物等，这样就会增大自己的工作量，平白地浪费许多时间。

但是，相反地，如果在一个月之内，规定自己的饮食状况，有时即使有所误差，也不会给自己造成不利的影响。

也就是说，在制订这类计划时，时间的限度最好能放宽一些，这样在实践的过程才能做到应用自如。

建议你只把工作时间划分为三大部分。

（1）大约60%用于计划内的活动。

（2）大约20%用于意外活动（如他人干扰）。

（3）最后的大约20%则用于本能需求及社会活动（也就是独立时间）。

不要拘泥于时间计划表，要根据实际情况随时调整时间计划表。下面的故事对你一定有启发。

一天早晨，蟾蜍恍然大悟说："我有很多事要做，我要把它们都写下来，这样我就能记住了。"它写下"起床"，然后意识到这件事已经干过了，就把它勾掉。

然后又写"穿衣服""吃早饭""和青蛙去散步"。

最后，灾难降临了。当蟾蜍和青蛙正在散步的时候，一阵狂风把手中的纸刮走了。就像没了"神奇"的翅膀就不能飞行的达波一样，可怜的蟾蜍发现没了计划表，它简直不知道该干什么才好。

你的生活也是一样。你每天、每周、每月，甚至一生做过的最重要的事，可能从来就没有在计划上出现过。不要把计划安排得太过严密，否则你就不会发现其他的可能性——比如偶然的相遇或突然的灵感等。

日程表不是愿望表

别让日程表静静地躺在那里，如果你的日程安排一点也不现实，那日程表只是你的愿望而已。

——比尔·盖茨

要对自己的期望和时间估计有一个现实的认识。做一个真实世界的日程表，而不是梦幻世界的路线图。否则，你就会整天不停地迟到、担心，全速去赶场。甚至当你变得急躁而又疲惫的时候，你也注意不到自己是怎样失去效率的。

不要塞满日程表，让它帮你变得有条理、心中有数，完成要做的事情。

这一点更多的是针对你在制订日程表时的心境而言，而不是表中的具体内容。你列出的是你当天希望的、心想的，也是需要完成的任务，而不是在为除了你以外的宇宙绘制什么蓝图，因为你的计划并不具有什么自然法则的魔力。

为了提高工作效率，有些人可能会制定一些稍微紧张的日程表。但是，这样就容易造成日程表的有些工作任务无法完成。如果要保证每项任务都能按时完成，就要给每项工作以充足的时间。

在估计工作的完成时间时，要尽量宽裕一些。对一些有交通来往的工作，必须把路上的意外时间考虑进去。

将日程表安排得满满的并不是件好事。把日程表中要完成的任务排得太紧，往往"欲速而不达"。

每个人都会遇到一些意外的情况，所以在安排日程的时候，一定要给自己留出足够的弹性。如果你事先把所有的时间段都安排得满满的，那你很可能无法完成预期的任务，结果在下班回家的时候就会感觉很沮丧、焦虑，甚至紧张。

意外发生的事情也会占用你的时间。想想看，你要接电话、查邮件、接待客人……这些日常活动都会占用你的时间。经验告诉我们，虽然你不可能预料到自己每天都会遇到什么事情，但在大多数情况下，你每天都会遇到一些意外的事情来打断你的原定计划。所以你需要一些空闲时间来处理那些不期而遇的问题，或者是去把握任何新出现的机遇。

因此，你每天最好为自己安排一个小时的空闲时间。比如说你今天要接待一位客人，你在接待完客人之后给自己留出一段空白时间，或者你也可以为自己安排出足够的时间检查邮件及完成一些书面工作。尽量把那些必须完成的工作提前完成，这样在被打断的时候，你就不会过于焦虑或者烦躁了。

如果在设定日程安排的时候过于理想化，你就会感觉自己好像被时间牵着鼻子走，觉得自己的整个生活都在被时钟控制，变得毫无生趣。相比之下，如果能够在安排日程的时候为自己留出一些自由时间，你就会感觉自己对生活有了更多的控制，每天的工作和生活也就会感觉更加顺畅。

记住：日程表不是愿望表，制定它的目的是更好地实施和执行。所以，在制定日程表时，你应该现实一些。

每天做个总结和反省

总结和反省是让你提升工作效率的有效途径。

——佚名

一个成功的人往往是一个自我反省的人、自我分析的人。

每件事情都有其相应的时间和空间。既要花时间去实施，又要花时间去反省。我们当中的大多数人并不利用时间进行反省。在我们繁忙的日程表上往往会忽略这一成功秘诀的重要部分。

在一天结束时，一定要花些时间审视一下在一天中发生的事情——到什么地方去了，遇见了什么人，做了什么，说了什么，等等。沉思一下做了什么，没有做什么，希望再做什么和希望不做什么。一定要尽可能生动而形象地记住那些相关的事件。记住颜色，记住情景，记住声音，记住交谈内容，记住经历。

古代欧洲有句著名的格言："不容许修改的计划是坏计划。"人生的旅程是一个不断变幻的景观，向前迈进，你就会看到不同的景观，再上前去又是另一番景象。因此，我们要顺利地达到自己的目的，就必须随时检视自己的选择是否有偏差，合理地调整目标，放弃无谓的固执，轻松地到达自己的目的地。

富兰克林认为，坏的计划比没有计划更糟糕。这句话包含两层意思：首先，实施这个计划，必会导致我们有所改变；其次，我们必须具备调适能力，能够随时修正、改进这个计划。

工作是有生命的，时时刻刻都会发生变化。"计划总是赶不上变化"，尽管计划制订得多么缜密，有时工作也无法按时完成。你需要对自己一天的工作做个总结和反省。

先要追查一下原因。为防止此类现象再度发生，需要及时判明原因。有时会有若干原因交替重叠的现象，这时的紧要战略是从最大的根源入手——消除。

每天晚上最好反省一下，为第二天做好准备。下面给你提供一些具体的建议。

每 天 自 省

· 我今天是否向目标前进了一步？

· 今天学到了什么？今后怎么做？

· 有没有忽略了重要活动？

· 所有的创意和构思都记录在计划书上了吗？

· 怎样奖励自己，继续发扬？

· 下一天如何计划？

重新审视你的日程表，看是否只是因工作量大而导致计划没有按时完成。如果是这样，你应该在下次制定日程时把时间安排得宽裕一些。

此外，你肯定也有很好地实现日程计划的时候，这时你也需要总结一下经验。问自己以下几个问题，并用笔记录下来，以备日后参考。

今天的日程安排为什么可以顺利完成？

日程中的哪一项任务完成得最好？

在哪一项任务中节省了时间，为什么会节省时间？

每天多出 3 小时：时间管理秘诀

第四章

合理分配时间，
提高时间的使用效率

低效率的诱因

效率就是成败与否的衡量器。

——马歇尔

你为低效率找过诱因吗？到底是什么原因导致了低效率？

诱因一：工作不能一次到位。

成功人士大多坚持这样一个原则：将工作一次做到位。返工是时间的最大杀手。如果一件工作总是要前后做几遍才能完成，这必定使工作效率大大降低。试想：作为一位图书装帧人员，他在装订书时，第一次将页码搞错了，结果又要拆掉重新排页码；第二次又将其中一页装倒了，还要再拆掉重订。这样反复，工作效率比一次认真装订好的工人低很多。

诱因二：一味追求完美。

在善用时间这方面，"完美主义"是有害无利的。

在日常生活中，可记住一些特别日子如结婚纪念日，或谈论修理家用品之类的琐事，来融洽家庭的气氛，那当然无可厚非。但是，如果你完成了某项工作的 80%，却为未完成 20% 的小部分工作而大动肝火时，就可能因此而浪费了大量的时间，这对自己的工作当然是极为不利了。

每天多出 3 小时：时间管理秘诀

为了避免这种现象的出现，不妨运用计时器或闹钟来帮助你。

你可以将计时器设定，每工作一段时间，铃声响时，就检查一下工作成果，然后再以此为依据，测量一下自己的成绩，这样就不至于陷入完美主义的旋涡了。

在时间上，可先以 30 分钟为一工作时段。如果发现自己无法在这一时段内完成工作，可以调整一下时间，改以 20 分钟为一工作时段，督促自己加快进度，或适当地调整工作顺序。

开始时可能不太适应，但习惯之后，你会发觉，它确实能为你解决许多工作上的麻烦。

诱因三：杂乱无章的办公桌。

当我们的办公桌上杂乱无章时，我们至少在下面三个方面遭受了损失：我们平均每天可能要损失 45 分钟用来在桌面上搜索，在纸张和笔记本之间翻来翻去；当桌面杂乱不堪时，我们在浪费时间的同时还分散了注意力；另外，还可能给老板留下不好的印象——工作场所的表象日益成为公司对职员的评估标准之一。以下是办公桌管理的几个简单步骤。

（1）把办公桌上的所有东西全部拿掉。换言之，"清空"办公桌面。把它擦拭干净，使之面貌一新，就像你刚搬来一样。然后，按照使用频率的顺序把物品重新摆好。把那些用完的资料或图片收起来。糖果之类的东西要全部去掉，它们会吸引别人的目光。

（2）在醒目的地方摆上时钟。你的时间观念与现实往往会有差距。即使你手腕上戴着表，再加上电脑上的时间显示，仍不足以使你建立时间观念。

（3）整理文具。清空抽屉的物品。减少钢笔、铅笔、文件夹等的数量，尽可能把这些东西归到一个抽屉里。文具够一个月使用足矣。把抽屉分成几个独立的区域，分别存放文具、档案、个人用品等。把不需要的物品统统扔掉。

做好准备

人们常觉得准备的阶段是在浪费时间，只有当真正机会来临，而自己没有能力把握的时候，才能觉悟自己平时没有准备才是浪费时间。

——罗曼·罗兰

有一个伐木工人小 A，在一家木材厂找到了工作，报酬不错，工作条件也好，他很珍惜并下决心要好好干。

第一天，老板给了他一把利斧，并给他划定了伐木范围。这一天，小 A 砍了 16 棵树。老板说："不错，就这么干！"小 A 很受鼓舞，第二天，他干得更加起劲，但是他只砍了 13 树；第三天，他加倍努力，可是只砍了 8 棵树。

小 A 觉得很惭愧，跑到老板那儿去道歉，说自己也不知道怎么了，好像力气越来越小了。老板也纳闷，忽然想起了什么，问他："你上一次磨斧子是什么时候？""磨斧子？"小Ａ诧异地说，"我天天忙着砍树，哪里有工夫磨斧子！"

如果小Ａ没有时间来磨斧子，他就得花更多的时间去砍伐。哪一个省事，哪一个费事，不言自明。要想砍伐更多的树木，就要不断地磨斧子，这就是我们所说的准备。

一个人没准备的勤奋是效率低下的勤奋；没准备的敬业是不断贬值的敬业；没准备的忠诚是盲目的忠诚；没准备的主动也许就是添乱的主动。

如果你把该做的准备工作都做好了，剩下的事情就非常简单了。那些做事更有效率的人就是因为他们做足了准备工作，他们也因此更受青睐，更容易取得成功。

有的人认为，准备会占用一部分时间，只有越快进入正题，才能越早把事情完成。但实际上，没有准备的工作更浪费时间，而且容易忙中出错。许多人常因为做事没有准备，而错失大好机会。其实，只有准备充分，后面的工作才能真正达到水到渠成的效果。

凡事做好准备的人，每一天都可以很轻松地达到心中的目标。没有准备的行动只能使一切陷入无序，最终面临失败的局面。

你可能为失败找到无数个理由，但一切失败的最终根源其实只有四个字：准备不足。一个缺乏准备的人一定是一个差错不断的人，纵然具有超强的能力和千载难逢的机会，也不能保证获得成功。

有一则故事：

一个年轻的猎人带着充足的弹药、擦得锃亮的猎枪去寻找猎物。虽然老猎手们都劝他在出门之前把弹药装在枪筒里，他还是带着空枪走了。

他自言自语道："我到达那里需要一个钟头，哪怕我要装100回子弹，也有的是时间。"

仿佛命运女神在嘲笑他的想法似的，他还没有走过开垦地，就发现一大群野鸭密密地浮在水面上。以往在这种情景下，猎人们一枪就能打中六七只，毫无疑问，够他们吃上一个礼拜的。可如今他匆匆忙忙地装着子弹，此时野鸭发现有人靠近，便一齐飞了起来，很快就飞得无影无踪了。

他穿过曲折狭窄的小径，在树林里奔跑搜索，树林是个荒凉的地方，他连一只麻雀也没有见到。

真糟糕，一桩不幸连着另一桩不幸：霹雳一声，大雨倾盆。猎人浑身上下都是雨水，袋子里空空如也，拖着疲乏的脚步回家去了。

在看到猎物的时候才去装弹药，连作为一名猎手最起码的准备工作都没有做好，当然不可能有收获了。

所以说，任何准备都不是多余的。准备才是成功的保证！

发挥强项优势

当你集中发挥自己的优势时，将事半功倍，效率提高。

——沃尔夫冈·门维斯

不少人觉得为了成功首先应该消除自己的劣势。他们把时间和精力用在学习别的东西、弥补劣势上。其实，这种做法极不明智，因为：

首先，发展劣势而忽略了优势，那么你只能做一个平庸的人。

其次，当你一直发挥自己的短处，那么你不可避免地会受挫。

无论是一个人，还是一家公司，总有比别人高明的地方，才能、经验和专有技术等，正如指纹一样，是独一无二的。优势也包含目标、愿望、榜样、规范和理想。它们无形中指引着人们向积极的方向发展。

每个企业有必要在某个特定领域做出自己的成绩或贡献，这不仅仅是面临来自国内外的竞争压力。每个企业都应致力于拿出最好的成果。只要他们集中发挥优势和天分，就可以有所成就。

个人效率存在于对以下 3 个问题不偏不倚的回答。

（1）我比别人擅长做什么？

（2）哪些事我做起来得心应手？

（3）我的优势在哪里？

一个人的优势越突出，那么同时他的劣势也就越明显。从小到大我们学会了如何做自己不擅长或不乐意做的事。显然，做自己不擅长的事肯定不会有好结果，这是明摆着的事。

卓越的成绩通常是在人们出于本身的意愿而努力实现的，因为这样做自己心情舒畅，而且这时候很容易出成果。

显然大多数人只在少数几个领域卓尔不群，但他们每天不得不为很多纷繁复杂的事操心。着眼于为全局服务，部分牺牲个人优势的效用，也会促进合理高效地使用时间。

无论是个人还是企业，凭其优势取得的业绩越多，那么他们的效率和动力也越高。当然，距离成功也就越来越近。

勤于思考让你效率倍增

我并没有什么诀窍，只是对于一件事情做长时间的思考罢了。

——牛顿

很多人每时每刻都努力地工作，每时每刻都在紧张地学习，不讲效率埋头苦干，却不懂得花点时间来思考，这样时间花了不少，成果却不显著，一味地埋头苦干而不知思考只会让你陷入迷惘，使你看不清方向。

英国著名的物理学家，最早完成原子核裂变的科学家卢瑟福对思考极为推崇。

一天深夜，他偶然发现一位学生还在埋头实验，便好奇地问："上午你在干什么？"学生回答："在做实验。""下午呢？""做实验。"卢瑟福不禁皱起了眉头，继续追问："那晚上呢？""也在做实验。"卢瑟福大为光火，厉声斥责："你一天到晚都在做实验，什么时间用于思考呢？"

可见，抓紧时间工作固然重要，但是行动要受到思想的支配。有了正确的思想，才能走上正确的道路。给思考留些时间，对所要解决的问题首先进行全面彻底的分析，并制订出确实可行的计划，然后再付诸行动，才能使每一步行动都有目的、有意义。

每天拿出一定的时间思考问题，对每一个人都很重要。无论是早晨花几分钟时间思考，还是下午结束工作之前花时间思考，或者两者兼而有之，只有花时间思考才能给工作带来更高的效率。

对自己要做的每件事情要多想想它的每个环节以及这件事情代表的问题，主动提供更多的参考意见和尽可能多的信息。要想比别人做得更好，勤于思考是最好的办法。

思考在现实生活中有着举足轻重的地位，它不是在浪费时间，而是在帮助我们赢得更多的时间，避免盲目的生活，所以我们必须三思而后行。

但是思考必须是一种带有目的的思考，而且必须成为行动的前奏。在思考的过程中要注意集中精力和保持冷静，切忌浮躁与漫无边际的空想。

思考对工作生活如此重要，我们介绍以下几种思考方法。

1. 短时间思考法

把思考时间按照情况，限制在 5 ~ 10 分钟的范围内。在思考开始的时候，要排除一切杂念，让自己彻底冷静下来，然后在一两分钟之内迅速地确定目标，接下来用 2 ~ 4 分钟的时间发挥思维，触及所有应该考虑的各个层面，最后再以 2 ~ 4 分钟来整理思绪，去芜存菁，并且得出结论。如此一来，由于整个过程步骤井然，反而有助于集中精力，想到最好的答案。

2. 卡片提示法

有些人不习惯单纯思考，或者至少要看着和工作有关的图像、书籍、资料才能思考。像这样的人，可以把一些重要的信息写在一张卡片或是便利贴上，以便随时要思考时可以拿出来看，提示自己，帮自己进入状态。

3. 联想构思法

你也可以用联想的方式来帮助构思。规划是把所有想到的想法或意念都写在一张纸上，这有一点像独自在玩脑力激荡一样，等到想法累积到一定的程度再加以整理、调整。最后下笔时就如行云流水，思路畅行无阻了。

如果你过于忙碌地工作而没有时间去思考你所做的事，那么你将无法充分施展你的才能。减少工作量，留出一定的思考时间来反省已做过的事情，如："这有什么意义？""怎样做才能更好？"同时还让你有时间思考是否有其他的方式，以及如何增加配合的紧密度，等等，也许会收到许多意想不到的效果。

集中精力在重要问题上

从不重要的事实中抽出重要的事实来，等于为自己的杠杆找到一个恰当的支点，就能移动原先即使以浑身的力量也无法移动的重量。

——拿破仑·希尔

善于运用重点思维，是那些做事目的性强的人的一项重要的思考习惯，可以提高个人的执行效率。因为一个人如果不懂得重点思维，就等于毫无主攻目标。我们要提高自己做事的目的性，就要养成思维的正确方法。正确的思维方法包含了两项基础：第一，必须把事实和纯粹的资料分开。第二，事实必须分成两种：重要的和不重要的，或有关系和没有关系的。

在达到你的主要目标的过程中，你所能使用的所有事实都是重要而有密切关系的；而那些不重要的则往往对整件事情的发展影响不大。某些人忽视这种现象：机会与能力相差无几的人所做出的成就大不一样。

柯尔森就是一个具有重点思维习惯的人。他出身于公务员家庭，就读于瑞典斯德哥尔摩经济学院，在校期间，学校的各种社交聚会都由他组织包办。他1968年毕业后，进温雷索尔旅游公司从事市场调研工作。3年以后，北欧航联出资买下了这家公司。柯尔森先后担任了市场调研部主管和公司部经理。他很快就熟悉了各项业务，并且把握并解决了经营中的主要问题。到了1978年，这家中等规模的导游机构就已发展成瑞典第一流的旅游公司。

柯尔森的经营才华得到了北欧航联的高度重视，他们决定对柯尔森进一步委以重任。航联下属的瑞典国内民航公司购置了一批喷气式客机，由于经营不善，到最后甚至无力付清购机款项。1978年柯尔森调任该公司的总经理，担任新职的柯尔森，充分发挥了擅长重点思维的才干，他上任不久，就抓住了公司经营中的问题的症结：国内民航公司所订的收费标准不合理，早晚高峰时间的票价和中午空闲时间的票价一样。柯尔森将正午班机的票价削减一半以上，以吸引去瑞典湖区、山区的滑雪者和登山野营者。此举吸引了大量旅客，载客量猛增。柯尔森主管后的第一年，国内民航公司即转亏为盈，获得了相当丰厚的利润。

柯尔森正是由于不断地思考，才为成功打下了基础。他认为，如果停止使用那些大而无用的飞机，公司的客运量还会有进一步的增长。一般旅客都希望乘坐直达班机，但这样庞大的"空中巴士"显然无法满足他们的这一愿望，DC—9客机虽然座位较少，但如果让它们从斯堪的纳维亚的城市直飞伦敦或巴黎就能赚钱。但是原来的安排是，DC—9客机一般到了哥本哈根客运中心就停飞，硬是要旅客去转乘巨型"空中客车"。柯尔森把这些"空中客车"撤出航线，仅供包租之用，开辟了奥斯陆—巴黎之类的直达航线。

与此同时，柯尔森的另一举措也充分显示了他的重点思维能力，这就是"修旧如新"。

市场上的那些新型飞机，引不起柯尔森的兴趣，他说，就乘客的舒适程度而言，从DC—3客机问世之日起，客机在这方面并无多大的改进，他敦促客机制造厂改革机舱的布局，腾出地方来加宽过道，使旅客可能随身携带更多的小件行李。柯尔森不会想不到，他手下的飞机已使用达14年之久，但是他声称，秘诀在于让旅客觉得客机是新的。北欧航联拿出1500万美元（约为购买一架新DC—9客机所需要费用的65％）来给客机整容翻新，更换内部设施，让班机服务人员换上时髦新装。公司的DC—9客机队将继续使用到1990年左右。靠那些焕然—新的DC—9客机，招徕越来越多的商业旅客。

柯尔森把整个公司划分为许多规模不等的"利润包干中心"，规模大的涉及整个民航客运部门，规模小的仅限于斯德哥尔摩—伦敦一条航线。眼下，主管一条线的经理是个有职有权的独立经营者，可以自由决定往返于两大城市之间的班机的时间和航次。

柯尔森鼓励经理们：如果能揽到一笔赚钱的好交易，跨出北欧航联的圈子也行。譬如，欧洲民航营业部最近绕过公司总部，自行将几架福克涡轮飞机租了出去。而技术部不仅完成了分内的工作，也开始外出寻找业务对象。部门层次重叠、统计报表泛滥成灾的现象已经绝迹。

柯尔森是善于重点思维的典范。成功人士遇到重要的事情时，一定会仔细地考虑：应该把精力集中在哪一方面呢？怎么做才能使我们的人格、精力与体力不受到损害，又能获得最大的效益呢？

从重点问题突破，是做事目的性强的人的重要习惯，如果一个人不懂得重点思考，等于毫无主攻目标。

那些做事目的性强的人都已经培养出一种习惯，就是找出并设法控制那些最能影响他们工作的重要因素。这样一来，他们也许比起一般人来会工作得更为轻松愉快。由于他们已经懂得秘诀，知道如何从不重要的事中找出重要的事，这样，他们等于为自己的杠杆找到了一个恰当的支点，只要用小指头轻轻一拨，就能移动原先即使以整个身体和重量也无法移动的沉重的工作量。

一个人只有养成了重点思维的习惯，才能在实际中避免眉毛胡子一把抓，从而赢得时间上的高效率，获得经营上的成功和丰厚的利润，也才会在日后的工作中取得良好的成绩。

沟通很重要

在现代社会，相互协作显得越来越重要，闭关自守、故步自封是没有出路的。

——詹姆斯

在日常生活中，我们经常有这样的体会，同样一件事情，与不同的人面谈，结果大相径庭。有的人不仅达不到 5×5 的效果，甚至连5+5都做不到。如果成了5-5，那就真应验了中国那句古话："成事不足，败事有余。"

这绝不是危言耸听。日常生活中，几乎每个人都可能碰到因"言不达意"而使人曲解、误解，甚至结下怨恨的事情。在社交场合中，你也许由于不能随机应变而沉默寡言。

我们一生中有75%的时间在与别人沟通。我们所从事的工作，几乎没有一件是完全独立的。

在工作、事业发展方面，我们需要别人的支持、合作才会成功。怎样才能得到他人由衷的合作呢？那就要靠与上司、老板、客户的沟通能力了。

要顺利完成工作，就必须了解自己的工作究竟处于何种位置，如果只顾自己埋头苦干，必然是效果很差，而且效率很低。在今天这样一个高度分工的社会里，每个人的工作都是整个事件流程中的一个环节，我们必须与别人加强沟通和联系，使信息交换能够顺利进行。

著名成功学大师卡耐基这样说："所谓沟通就是同步。每个人都有独特的地方，而与人交际则要求他与别人一致。"

沟通是一种能力，不是一种本能。本能天生就会，能力却需学习才具备。

与他人通力合作不但可以提高效率，也能提升你的能力。在合作中，你可以学到很多别人的优点和好的工作方法。这对你以后的进步大有帮助。

有效沟通应当遵循简单的原则，人与人之间的沟通应直截了当，心里想到什么说什么，不要把简单的问题复杂化，这样会减少沟通中的误会。言不由衷，会浪费大家的宝贵时间；瞻前顾后，生怕说错话，会变成谨小慎微的懦夫；更糟糕的是有些人，当面不说，背后乱讲，这样对他人和自己都毫无益处，最后破坏了集体的团结。正确的方式是提供有建设性的正面意见，在开始讨论问题时，任何人先不要拒人千里之外，大家把想法都摆在桌面上，充分展示每个人的观点，这样才会有一个容纳大部分人意见的结论。

有效的沟通最好是用80%的时间倾听、20%的时间说话，在沟通中不要指出对方的错误，即使对方是错误的，并要善于运用语言、声音、肢体动作来促进沟通。

沟通时主动一些，要时时保持高度的注意力，有助于了解对方的心理状态，并能够较好地根据反馈来调节自己的沟通过程。没有人喜欢自己的谈话对象左顾右盼、心不在焉。

在表达自己的意图时，一定要注意使自己被人充分理解。这样才能达到有效沟通、节约时间、提高效率的目的。

当你陷于某一问题或困难而不能自拔时，不妨大胆、主动地"走出去"，与别人沟通，让彼此交流得到的思想提高你的做事效率。

巧妙地搁置问题

能够按部就班地完成各种工作当然很好，但是实际工作中有些问题是非常棘手的，短时间内又想不出好的办法。这时，应该学会暂时搁置问题。

——叔本华

太固执于纠缠一时无法解决的难题，往往影响做事、工作的效率，进而花费无谓的时间，造成时间的浪费。

而解决工作上的问题也是同样的道理，在碰钉子的时候，不妨暂且搁置问题，让头脑静下来。切忌应付了事，随便找个方法搪塞。

概括地说，就是：

（1）遇上一时无法解决的难题时，不妨把它记录下来，暂且搁置一旁。

（2）把问题"存档"于潜在意识中，可以从别的事物上意外地得到解决的线索。

（3）切忌当场急得随便找个方法应付了事。

"记录问题"不仅可以留待日后找出好的方法，还有一项效用：当你把问题详细记录下来之后，由于不必担心忘记它，便能很放心地把它暂时从记忆中完全撤离，把脑子清理出一大片的"净土"，如此才得以安心地全力去做另一项工作。否则，虽然是搁置问题，但因为无法暂时遗忘而心有旁骛，做起其他的事来势必效率不高、事倍功半。

据说，即使是已达上乘悟境的禅僧，打禅时仍不免有若干杂念产生。许多禅僧因此在打禅时随身备妥纸笔，一旦杂念浮现便立即写下来。这样便不会为杂念所限，而能继续打禅。

为解决难题而撇下手边的其他工作是最不明智的举动。建议你先把它记下来，让大脑重回白纸的状态，以便全力进行其他的工作。

虽然表面上不处理这个难题，但在潜意识里要注意这个问题，在做其他事情的过程中偶尔想想，有时就会触类旁通，说不定会灵感突发，难题迎刃而解。其实，现实中很多难题就是这样解决的。

从其他角度考虑这个难题。

由于难题已经存在于你的潜意识当中，在其他时间，不经意地，你会发现原来可以从其他事物上或从其他角度意外地找到解决问题的线索。例如，从正面很难解决的问题，可以从反面思考解决。还可以征求别人的意见，启发自己的思路。有时，别人一句不经意的话就会使你茅塞顿开，顺利地解决问题。

通过暂时搁置问题，可以打破原来的顺序，把一些难办的事情往后拖延。当然这种拖延只是暂时的，一旦发现解决问题的方案，应该立即着手解决。

巧妙地搁置问题，你会发现在不影响解决问题的同时，你的时间利用效率大有提高，也能给你带来心情的愉悦，省下的时间能为你实现更多的价值。

先做大事

把时间主要用在小事上，其实是在浪费时间，很多时候容易使人陷入困境。

——席勒

一个人每天都有很多的事情要做，有大事，有小事，有令人愉快的事，也有令人心烦意乱的事。哪些事才是最重要的呢？不弄明白这个问题，就会在很多小事上浪费很多精力，空耗许多时间，结果只会身心疲惫。

有一位教授曾做过这样的试验：在课堂上，他在桌子上放了一个装水的玻璃罐子。然后又从桌子下面拿出一些正好可以从罐口放进罐子里的鹅卵石。当教授把石块放完后，问他的学生道："你们说这罐子是不是满的？"

"是。"所有的学生异口同声地回答说。"真的吗？"教授笑着问。然后再从桌底下拿出一袋碎石子，把碎石子从罐口倒进去，摇一摇，再加一些，再问学生："你们说，这罐子现在是不是满的？"这回他的学生不敢回答得太快。最后班上有位学生怯生生地细声回答道："也许没满。"

"很好！"教授说完后，又从桌下拿出一袋沙子，慢慢地倒进罐子里。倒完后，再问班上的学生："现在你们再告诉我，这个罐子是满的呢，还是没满？"

"没有满。"全班同学这次学乖了，大家很有信心地回答说。

"好极了！"教授再一次称赞这些"孺子可教也"的学生们。称赞完了后，教授从桌底下拿出一大瓶水，把水倒进看起来已经被鹅卵石、小碎石、沙子填满了的罐子里，直到水面与罐子口持平。当这些事都做完之后，教授微笑地看着班上的同学："我们从上面这些事情得到什么重要的结论？"

班上一阵沉默，然后一位学生回答说："无论我们的工作多忙，行程排得多满，如果要逼一下的话，还是可以多做些事的。"

教授听到这样的回答后，点了点头，微笑道："答案不错，但并不是我要告诉你们的重要信息。"说到这里，这位教授故意顿住，眼睛向全班同学扫了一遍说："我想告诉各位最重要的信息是，如果你不先将大的鹅卵石放进罐子里去，你也许以后永远没机会把它们再放进去了。"

许多人整天忙着处理琐碎的事，总是抱怨没有做大事的时间。但是，生活中真正懂得利用时间的人往往是那些对无足轻重的事情无动于衷的人，他们很清楚该干什么，不该干什么；知道什么事情可以改变命运，也知道什么事情只会消耗青春。这样的人对那些较重要的事情都会感到兴奋，同时也善于把无关紧要的事情搁在一边。

成功者对于工作中林林总总的事件可以按重要性和紧急性的不同组合确定处理的先后顺序，做到鹅卵石、碎石子、沙子、水都能放到罐子里去。从整个人生旅途来说，处在哪一年龄段就要完成哪一年龄段应完成的事，否则，时过境迁，到了下一年龄段就很难有机会补救。

要记住：成功者是对那些无足轻重的事情无动于衷的人，他们永远不会被小事所困扰。我们不要因为一点小事而影响了心情，从而失去了抓住时机做大事的可能性。

关注要事，而非急事

关注主要事情，是轻松和成功生活的秘诀。

——洛塔尔·赛韦特

全力以赴去做重要的事，而不是紧迫的事，对于个人时间管理和目标管理有至关重要的意义。

处理紧迫事件时，我们只能消极被动地适应，而处理重要事件，我们却能主动出击。

大多数人在排列优先顺序时所依据的并不是事情的重要程度，而是依据事情的紧急程度来排列优先顺序。

你会发现，在大多数时候，越是重要的事情偏偏越不紧迫，例如，向上级提建议、做长远规划、做体检、锻炼身体、学习等，往往因为它不紧迫所以就被无限地延长了。

重要性和紧迫性是影响我们选择事件的主要因素，而且在大多数人身上，紧迫性的支配力往往占上风。例如，我们都知道要养成阅读的习惯，真正这样做的人却很少；我们都知道要经常锻炼身体，但真正去锻炼的人也很少。为什么呢？因为它们虽然重要，但不紧迫。而当有人敲门时，或许没什么重要的事情，但因为很紧迫，所以我们会马上去开门。

某个正为了一年后的司法考试努力念书的人，为了赶赠品截止时限，而特地跑到邮局将赠品明信片寄去。司法考试还在一年后，而明信片的截止日就在第二天。在这种情况之下，相信大多数的人都会停下手头的工作将较紧急的明信片优先处理。

但是，以长远的眼光来看，好好地准备明年的考试应该是较重要的。假定考试失败，不仅损失一年的光阴，而且连带损失的金钱更是无可计量。因为通过司法考试的人，一年可以赚几十万元，这和去邮局寄明信片所得到的几百元赠品相比，价值一目了然。

可是，很多人还是会去寄明信片。将紧急而不重要的事列为优先，重要的事却往后拖。结果，到了次年，就可能因准备不充分而无法通过考试。可见，我们要先掌握好较重要的事，若还有时间，再去做那些较不重要的事。

一般来说，我们可以根据重要性来定优先次序，而以紧急性作为次要但也是重要的考虑因素。此时就需要你拿出待办工作表，先从"这件工作是不是清楚地有助于达到我一生的目标或短期目标"这个问题，来检视某一项工作。如果是，就在前面做一记号，然后按照紧急性和时间效益率两个因素决定你做事情的先后顺序并标上数字。

在"重要性"和"紧迫性"事件的面前，我们的头脑往往不是很清楚，这就需要你静下心来仔细考虑一下事情本身。根据"重要性"和"紧迫性"，事情可以分为4个层次。

第一层次：既紧迫又重要。

如突如其来的危机、最后限期临近的计划、急迫的问题、处理客户投诉……这类事情往往是当务之急，它们有的是实现目标的关键环节，有的则与你的生活息息相关，它们比其他任何事情都值得你优先考虑。只有当它们得到了解决，你才能顺利解决其他问题并做好其他事情。

第二层次：重要但不紧迫。

如做好准备工作、预防、培养人际关系、锻炼身体、学习进修、规划未来……这类事情要求我们有更多的主动性，它们是我们在生活中真正需要重视的，但它们被我们一再拖延，直到我们承受痛苦时才后悔当初为什么没有重视这些事情。

第三层次：紧迫但不重要。

如电话干扰、不速之客到访、某些会议……这类事情时有发生。例如，你已经洗漱完毕准备休息，此时却有朋友相邀共赴聚会，你将如何决定？你若赴约，次日清晨回到家后，你的头脑昏沉，根本没有状态去做那些重要的事情，这全因你没有足够的勇气回绝朋友，你怕他们失望。

第四层次：不紧迫也不重要。

如一些琐事、一些电话、某些娱乐活动、垃圾邮件、看电视……

很多生活中发生的事情都属此类。例如，你吃完饭后去看电视，但往往不知道要看什么，也不知道后面要播什么节目，于是拿着遥控器不停地换台。不知不觉几小时过去了，你这才后悔不如去看会儿书，那么刚才所做的事情便是浪费时间。

第五章

掌握运筹时间的
5个黄金定律

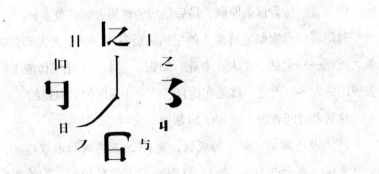

80 / 20 时间管理法则

必须记住我们的时间是有限的。时间有限，不只是由于人生短促，更由于人事纷繁。我们应该把我们所有的时间用来做最有益的事情。

——斯宾塞

雅格是格利登公司的一名业务员，起初每月只能赚 160 美元。有一天他坐下来分析他售货的记录，发现 80% 的生意是跟 20% 的顾客做的——然而他为全部顾客花的时间相等。

因此雅格要求把他最没有希望做成生意的 36 个顾客转给别的推销员，他就可能集中精神对待他最好的顾客了。不久他每月赚 1000 美元，继而成为美国西岸最好的推销员。此后，他在工作、生活中一直坚持着这条原则，最后他成为雅格公司的董事长。

时间管理专家研究许多人的生活之后发现，一个人大部分的重大成就——包括一个人在专业、知识、艺术、文化或体能上所表现出的大多数价值，都是在他自己的一小段时间里取得的。

这就是时间管理上的 80 / 20 法则，又叫二八法则。

具体表述就是：80% 的成就，是在 20% 的时间内取得的；反过来说，剩余的 80% 时间，只创造了 20% 的价值。它给我们的生活揭示了四个令人惊讶的结论。

结论一：我们所做的事情中，大部分是低价值的事情。

结论二：我们所有的时间里，有一小部分时间比其余的多数时间更有价值。

结论三：若我们想依此采取行动，我们就应该采取彻底行动。只做小幅度改善，没有意义。

结论四：如果我们好好利用20%的时间，将会发现，这20%是用之不竭的。

"二八法则"无时无刻不在影响着我们的生活，然而人们对它知之甚少。约瑟夫·福特说过："上帝和整个宇宙玩骰子，但是这些骰子是被动了手脚的。我们的主要目的，是要了解它是怎样被动的手脚，我们又应如何使用这些手法，以达到自己的目的。"

时间不会不够用。事实上，时间是足够的，我们只运用了我们20%的时间，对于聪明人来说，通常只需一点点时间就获得了巨大的收获。依80/20法则，如果我们在重要的20%的活动上多付出一倍时间，便能做到一星期只需要工作两天，收获却可比平时多60%以上。

80/20法则认为，应该把重点放在20%的重要时刻上，而应削减不重要的80%的时间。执行一项工作计划时，最后20%的时间往往最能出成果，因为必须在期限内完成。因此，只要预计完成的时间减去一半，大部分工作的成果便能倍增，时间就不会不够用。

人们应该找到自己在哪些事情上浪费了太多的时间，创造的价值却微乎其微。

遵循80/20法则，人们首先应该明确态度，再排定先后顺序，制定远期和近期目标，这些是时间管理的重要步骤。按照80/20法则，拟定好人生方向，确定每天、每月、每年的行事日程，然后努力遵守。比如说，你通过观察发现自己一天精力最旺盛的时间段是在上午，那么你就把最重要的事安排在上午处理；而在一天中精力最差的时间段，你就可以去做些无关紧要的事。

80/20法则提供给我们如何去管理时间的一种思考模式：控制时间是不可能的，绝对没有什么秘诀，人们真正需要控制的其实只是自己。那些口里经常喊"忙"的人，其实就是不懂得管理时间的人，他们只有跟在时间的屁股后面瞎跑，不会做时间的主人。

"ABCD"优先顺序法

不分轻重缓急，眉毛胡须一把抓，必然会贻误时机。

——艾森豪威尔

美国钢铁大王卡耐基曾经非常忙，总觉得时间不够用，为此，他十分忧虑。后来，他找到管理大师杜拉克请教解决的办法。

杜拉克思考了一下，说："这样吧，你每天上班的前5分钟，把你想做的事情写下来，标题叫'今日主要事项'，然后按照重要性顺序排列。所谓重要性是根据你对目标的理解来定，最重要的事情放在第一位，第二重要的事放在第二位，依次排列。然后你开始做第一件事，在完成第一件事之前，不再做其他任何事情，如果有一项工作要做一整天也没关系，只要它是最重要的工作，就坚持做下去。"请把这种方法作为每个工作日的习惯做法。你自己这样做之后，让你公司的员工也这样做。

卡耐基依照杜拉克的建议去做，每天如此，经过一段时间，他的工作安排得井井有条，而且效率极高。5年后，他成为全美的钢铁大王。于是，他为杜拉克的5分钟建议签了一张2.5万美元的支票。

杜拉克的方法告诉我们，做任何事情都要有计划，分清轻重缓急，然后全力以赴地行动，这样才能成功。

在安排计划的优先顺序时，有一种简单的"ABCD法"非常实用。所谓"ABCD法"，是根据自己的目标，将计划中最为重要的事情归于A类，这类事情如果没有完成，后果非常严重；其次的事情归于B类，它们需要你去做，但如果没有完成，后果不会太严重；把那些做了更好、不做也行的事情，做或不做的都不会有任何不好的事情归于C类；把可以交给别人去完成，或完全可以取消、做不做没有差别的事情归为D类。

经这样的分类后，处理事情时，就免去考虑应该先做什么事情的时间。只要看一看计划表，就能够很快地知道自己该进行哪一项工作了。为了更加有效地进行工作，在 A 类的各项计划中，还可以再进行细分，用"A—1""A—2""A—3"等来标示其顺序。这样一来，即使在时间紧迫的情况下，你也可以很快找到自己应该着手进行的事项。

成功应用"ABCD"工作分类法的关键，是你必须要严格自律，每天一定将工作清单根据上述分类法加以清楚标示，接着从 A—1 工作开始做起，一次只专心做一件事。

100% 完成 A—1 事项后，再依序完成其他事项，尽快授权或外包 D 类事项，可以取消的话就立刻取消。

俗话说：射人先射马，擒贼先擒王。掌握了"处理问题应当先抓住要点"的关键，养成用"ABCD"分类法做计划并切实执行的好习惯，会使你每天的工作生活变得有条理、有秩序，可以帮助你完全掌控时间，掌握工作的重点与节奏。

谨守史密斯法则

每度过一年，就更加确信，生命的浪费在于我们没有给予应有的爱，也没有发挥已有的力量。

——玛丽·乔姆利

生活中到底哪些事情是真正值得花费时间和精力处理的呢？下面的情况你都想到了吗？

（1）提升生命大目标的事。

（2）你一直想做的事。

（3）付出20%，收益却占总收益的80%。

（4）能大大节约时间，或者可以使品质大大改善的创新。

（5）千载难逢、稍纵即逝的事。

或许你还有其他对你来说真正重要的事情没有列出来。比如和亲人相聚，与爱人共度一个没有电话干扰的周末，在非常疲倦沮丧的时候请假上街逛逛。当然，你还要充电、进修、补习……总之，你应该将时间用在那些让你真正感觉快乐、成功和满足的事情上，而不要让枯燥、低效的例行公事占据你时间的绝大部分。

美国时间管理专家史密斯在其著作《打开成功之门》一书中提出5项关于时间管理的自然法则，它的秘诀在于能否建立自己的生命目标（核心价值），并以有所为的意志投入全部的生命力量，把握今天的机会，不断超越昨天。它包括：

法则1：掌握生活大小事——通过掌握时间而掌握生活。

法则2：确立核心价值——核心价值是自我实现和个人成就的基础。

法则3：排定优先顺序——当日常生活反映了你的核心价值，你就能体验内心的平静。

法则4：设定明确可行的目标——为达成重要目标，必须远离安逸区。

法则5：规划每日工作——每日规划做得好，时间宽裕效率高。

不管如何管理时间，它应有助于生活平衡发展，提醒我们在社会生活和家庭生活要扮演不同的角色，以免忽略了健康、家庭、个人发展等重要的人生层面。

统筹分配法

效率低，很多时候是因为工作安排得不合理。

——詹姆斯

我们平时会做出各种计划，以决定时间该如何支配，行动该如何开展。对成功者来说，统筹分配法是时间管理非常重要的技巧，它贯穿于生命的始终，可以使人更有效率。无论在工作中还是在生活中，统筹分配法将使你聪明地管理和利用好时间。

对于时间安排，重要的是你必须首先搞清其中的某些问题——在什么时间做什么事能带来更高的效率，能更好地确保自己实现目标？

甲乙二人斗智，甲出了一个题目让乙来完成。这个题目看起来是不可能完成的：在一个同时只能烙两张饼的锅中，3分钟内烙好3张饼，每张必须烙两面，每面烙1分钟。这样算下来，最少需要4分钟才有可能把3张饼烙完。可是甲只给了乙3分钟的时间，这怎么办呢？

乙想了想，突然想到了在3分钟内烙3张饼的方法，这种方法的宗旨就是打破常规的烙饼方法。先烙 2 张饼，1 分钟后，把一张翻烙，另一张取出，换烙第 3 张，又过 1 分钟，把烙好的一张取出，另一张翻烙，并把第一次取出的那张放回锅里翻烙，结果 3 分钟后 3 张饼全烙好了。

效率意识的真正含义就是在同样的时间内争取最大的收获。现代人应该更加重视效率的真正含义，不断改进工作方法，在最短的时间内取得最好的效果。

从这个烙饼的故事中，你应该能够体会到效率的重要了吧？在常规下的工作过程中，其实有很多时间被浪费。你或许根本就没有察觉到它的存在，但它一直在影响着你工作的效率。要想提高你的工作效率，要做的就是把它找出来，剔除它。

比如说，你不得不去参加一些会议，可能你很忙，但是这些会你又不能不去，所以你认为，这是在浪费你的时间。于是你在会上心不在焉，就等着赶紧散会，回去好继续做你的工作。结果你白白浪费了好几个小时的时间，最后却什么也没有得到。

可是你完全可以把这当作一次难得的机会，因为，平时根本不可能把这么多人聚集在一起。你可以在活动期间，充分结交朋友，在聊天的过程中寻求商业机会。散会后，及时地把会上搜集的资料整理出来，然后经过分析、推理，最后很可能就得出了一个非常好的商业策划。

此外，我们必须既会利用长时间完成较大的工作，又会利用零碎的时间做小事情。

生命紧迫法

> 也许，人的生命是一场正在燃烧的"火灾"，一个人所能做，也必须去做的就是竭尽全力在这场"火灾"中去抢救点什么东西出来。

> ——比尔·盖茨

如果能过"洞中方七日，世上已千年"的神仙日子，那我们就用不着时间管理了，我们有用不完的时间。但事实上年华老去，便无法回头。生命是有限的，不要让我们的人生留下任何遗憾。

五官科病房里同时住进来两位病人，都是鼻子不舒服。在等待化验结果期间，甲说，如果是癌，立即去旅行，首先去拉萨。乙也如此表示。结果出来了。甲得的是鼻癌，乙长的是鼻息肉。

甲列了一张告别人生的计划表离开了医院，乙住了下来。甲的计划表是：去一趟拉萨和敦煌；从攀枝花坐船一直到长江口；到海南的三亚以椰子树为背景拍一张照片；在哈尔滨过一个冬天；从大连坐船到广西的北海；登上天安门；读完莎士比亚的所有作品；力争听一次瞎子阿炳原版的《二泉映月》；写一本书。凡此种种，共27条。

他在这张生命的清单后面这么写道：我的一生有很多梦想，有的实现了，有的由于种种原因没有实现。现在我的时间不多了，为了不遗憾地离开这个世界，我打算用生命的最后几年去实现还剩下的这27个梦。当年，甲就辞掉了公司的职务，去了拉萨和敦煌。

第二年，他以惊人的毅力和韧性通过了成人考试。这期间，他登上过天安门，去了内蒙古大草原，还在一户牧民家里住了一个星期。现在他正在实现他出一本书的愿望。

有一天，乙在报上看到甲写的一篇散文，打电话去问甲的病。甲说，我真的无法想象，要不是这场病，我的生命该是多么糟糕。是它提醒了我，去做自己想做的事，去实现自己想去实现的梦想。现在我才体味到什么是真正的生命和人生。你生活得也挺好吧？乙没有回答，因为在医院时说的，去拉萨和敦煌的事，早已因患的不是癌症而忘到脑后去了。

在这个世界上，其实每个人都患有一种癌症，那就是不可抗拒的死亡，亦即时间的无情流逝。我们之所以没有像那位患鼻癌的人一样，列出一张生命的清单，抛开一切多余的东西，去实现梦想，去做自己想做的事，是因为我们认为自己还会活得更久。然而也许正是这一点量上的差别，使我们的生命有了质的不同：有些人把梦想变成了现实，有些人把梦想带进了坟墓。

所以，通过这个生命即将消逝的假设，可以了解你自己的内心，找到你最想做的事情，指导你现在的生活，让你感到生命中每一分、每一秒都是何等珍贵。

设想一下，假如生命只剩下 24 小时，在这一段时间里，你最想做什么事，见什么人，了却哪些心愿，为谁再做些什么，你想和谁在一起？

此时此刻你想到的这些答案，便都是你此生中对你最重要的，最让你珍视的人和事。时刻以这样的时间紧迫感问问自己，知道自己需要什么而有意识地利用时间，生命的价值一定能得以最大限度地开发。

第六章

拒绝干扰和拖延，
别让时间白白溜走

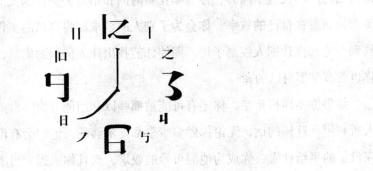

学会说"不"

我们要做时间的主人，就要做到自己的时间自己完全支配，不要被他人所支配。

——高尔基

古希腊数学家毕达哥拉斯曾说："'是'和'不'这两个最简单、最熟悉的字，是最需要慎重考虑的字。"我们要想成为时间的主人，除了掌握各种时间的支配方法之外，还要善于说"不"，巧妙地拒绝别人侵占自己的时间。

很多人都觉得对别人说"不"是一件很困难的事。即使别人提出的要求是不合理的，他们也会不情愿地答应下来，事后抱怨或者后悔。要知道，当你答应别人的不合理要求的时候，你就是给自己的工作设置了障碍，你需要花费时间和精力去关注别人的要求，而忽视自己的效率。你会为了别人的要求而将自己的工作放到一边，你让别人控制了你。即使你能找出让人信服的借口，你也没有掌握自己的命运。

如果你不懂得拒绝，你还有可能被那些以利用他人为能事的人所利用。这样的话，无论你做多少事都是不够的，他们会有没完没了的事给你做，你成为他们可怜的奴隶，而且你永远做得不够好。

懂得拒绝，学会说"不"，你才能真正掌控自己的时间和生活。拒绝要讲究技巧和方式，不能让你的拒绝被别人看作吝啬、自私和冷漠。正当的拒绝是你让别人知道你现在必须做什么，而且正在这样做。

（1）说"不"要委婉，但态度要坚定，不必道歉或者加以解释。如果你13岁的女儿希望你带她去百货商场而你不想去，直截了当地说"不"，没有商量的余地。

（2）以难以胜任为借口予以拒绝。举例来说，如果有人希望你去帮助他做含有大量文字写作工作的事情，而写作又不是你的强项，你就应拒绝他，不要让求助者再做出"其实文字写作也不是太多"之类的解释。真的做起来，文字写作工作肯定要比你想象的要多得多。如果他们说只有一点文字写作时，你完全可以理解为几乎全是写作。最好的办法就是简单干脆地回答："这件事我可干不了。"

（3）把自己的计划放在最优先的位置处理。说"不"予以拒绝，再加上一句补充"我现在实在太忙了"或者"我已经精疲力竭了"。如果这样说不奏效的话，可以更进一步表示："我非常愿意帮助你，但是我现在手头上有五件自己的事急着要办。"

帮助别人有时会让你觉得开心，但是无论你是否开心，你被搁置一旁的工作都会成为让你后悔的问题。你因为不懂得拒绝别人而给自己惹上的麻烦会带给你无穷无尽的烦恼。而且，当你并不情愿却因为不想得罪人而答应别人的请求时，你的内心会堆积起疲惫与怨恨，你潜意识里开始对抗对方，尽管你口头上没有说出"不"来。

排除电话的干扰

电话是把双刃剑，它带来了信息，也带走了时间，关键看你如何使用。

——布朗恩

电话是一个很大的干扰，因为究竟什么时候电话铃会响根本无从得知，因此许多工作常因接电话而被干扰中断。

当我们正在专心做一件事情或思考某一个问题的时候，最好能够一气呵成，不要中断，因为一旦中断，通常都要经过一段相当长的时间才能使精神或思绪重新集中。

在一定时间内，几次干扰将把工作表现降为零，这一工作表现将花更多时间才恢复，还可能达不到原来的状态。时间表经常显示出这种形式的时间浪费，有时受影响的工作时间高达25%。

电话虽然是一个极为有效的"省时工具"，但它也是一个"费时工具"，每天的来往电话成了占用时间最多的一个"时间陷阱"。

许多人也意识到电话经常占据他们大量的时间，与电话有关的许多问题都牵涉人的心理。接电话的强烈欲望不是来自电话，而是来自人的心理。电话之所以吸引你有很多原因，假如你的每次电话都来得名正言顺，需要你注意，而如果你不中断自己的工作去接电话，就是不负责任的行为。你总有这种错觉，不管来电者想要做什么，他的需要都比你当时所做的事来得重要。

电话虽然在人们的工作中越来越显示它的重要作用，但作为双刃剑，它又是浪费管理者时间的一个主要原因，因为电话会中断你的工作和思路，搞不好就会出现"煲电话粥"现象。用一个小时集中精力去办事，要比花2个小时而被打断10分钟、20分钟的效率还要高。

那么防止电话干扰有哪些办法呢？一是分析一下打给你的电话，确定采取什么办法减少那些根本没有必要的电话；二是使用适当的回话办法；三是先用诚恳的语气接听电话，避免闲谈；四是让别人知道什么时间可打电话找你；五是在你工作正在状态的时候启动手机防干扰功能，可委婉拒绝电话干扰。

另外，可以使用电话里的语音留言功能，它在一定程度上防止电话的干扰。通过语音留言的功能，可以过滤不必要的来电，或是长话短说，若不是非常紧急的事，不妨礼貌地告诉对方何时会回复，等到手头的事情告一段落以后，再回过去。在电话中学会拒绝也是避免出现这种情况的一种解决方法，有很多人会在口头上答应帮助别人做一些事情，然而这会在很大程度上影响自己的时间安排和工作进度。因此，当自己实在没精力和时间的情况下，应该学会坚定地说"不"，才能确保工作的效率和进度。

避免琐事的纠缠

大人物是用来做大事的。整日纠缠在琐事中，是不会有大作为的。

——伏尔泰

琐碎而无价值的工作指的是一些不重要的任务或工作，而且报偿低。它消磨你的精力和时间，因此让你不能处理更为重要且紧急的工作。琐碎无价值的工作可能是将文件归档、清理办公桌抽屉、日常文书工作或者没有紧迫任务时任何人都可以做的那种工作。

解决方法如下。

作为职场人士你可以在你的办公桌前放一块大字牌："任何时候，只要可能，我必须做最有成效的事情。"以此，尽可能减少琐碎无价值的工作。当你开始以做琐碎的工作作为拖延重要工作的借口时，看着字牌就知道自己又在浪费时间了。

当你陷入琐碎工作中，一定要自我反省。问问自己：我现在的行为是否接近我最优先考虑的事情？如果不是，就终止它们，并着手重要的事项。让自己变成现代的时间驾驭者，减少例行公事。并多参与困难的决策和计划。如此一来，你就会增加自身价值和晋升的机会。

在多数的情况下，要想克服一些小事所引起的困扰，只要把注意力转移一下就可以了——让你有一个新的，能使你开心一点的事物。美国的一位作家举了一个怎样能够做到这一点的好例子。以前他写作的时候，常常被纽约公寓热水灯的响声吵得快发疯。蒸气会砰然作响。然后又是一阵"叽叽"的声音——而他会坐在他的书桌前气得直叫。"后来，"这位作家说，"有一次我和几个朋友一起出去露营，当我听到木柴烧得很响时，我突然想到：这些声音多么像热水灯的响声，为什么我会喜欢这个声音，而讨厌那个声音呢？我回到家以后，跟我自己说：'火堆里木头的爆裂声，是一种很好听的声音，热水灯的声音也差不多，我该埋头大睡，不去理会这些噪声。'结果，我果然做到了。头几天我还会注意热水灯的声音，可是不久我就把它们整个忘了。"

如果你是一个管理人员，你应该把琐事交给下属去做。

英国出版家那茨可里夫生平所做的事极多，如果换成别人，早已忙得不可开交，但是他仍能从容不迫、应对自如。许多朋友对于他这样的才干深觉惊奇，他说："我自己只担任指挥工作，一切机械式的事情都交给那些能够胜任的人。至于那些助手能够办理妥帖的工作，我大可不必动手。"

一家计算机公司经理派特生也说："不要去做可以交给别人做的事情。"因为他认为一个领袖人物，最重要的是有卓越的思想和计划，不应把自己的宝贵精力耗费在琐碎的小事上。一个真正能够站稳脚跟的领袖，永远是一个制造机器的人，而不是将自己作为机器的一部分。派特生对于这种理论曾经做过一次实验，他把写字间和工厂的重要职员调开10人，发现整个组织的运转丝毫不受影响，一切工作仍能照常进行。

可见，做一个优秀的时间管理者有一个极平凡的诀窍："把各种琐事尽量交给部属去做。"不过切记：你之所以会把琐事交给下属去做，是因为你需要去思考更重要的事情，需要去制订新的关系到整体发展的计划。有些时间管理者，以自己是"最繁忙的人"而自傲，这实在是大错特错的想法。在有识者看来，这种领导者无异于在说自己是一个最不善指挥他人工作的人，他没有驾驭属下的能力，其实是向人坦白他的"无能"。

遗憾的是，许多人整天忙着处理琐碎的事情，总是抱怨没有时间做正经事，其实他们的潜意识是在逃避做正经事，尽力回避可能出现的挑战，毕竟，做大事是需要想象力、判断力、勇气和自信的。

心里有了大，才会放下小。有一项针对世界冠军的调查就很能说明问题。调查者发现，那些夺得世界冠军的人往往很小就怀揣了这个特别的理想，并且十几年如一日地追寻，这其中，他们也遇到了其他人所常见的种种挫折，但由于他们心中有一个高过一切的目标，因此很容易忽略那些无关紧要的事情。长期的磨炼产生了惊人的效果，他们终于因为能够抓大放小、有所为有所不为而获得了成功。

这也应了美国哲学家威廉·詹姆斯的话："明智的艺术就是清醒地知道该忽略什么的艺术。"他的言下之意就是，不要被不重要的人和事过多地打搅，因为成功的秘诀就是抓住目标不放。

只做该做的事情

做好你分内的事就足够了。

——歌德

我们做了很多今天要做的事情，因为我们昨天和前天都是这样的。我们适应了，可能甚至习惯了，而且做要比不做容易得多。

列一个"没必要做"的清单，它可以时刻提醒你哪些是你已决定从日程中清除的事情。

什么使我们去做这些应该做的事情——但不是由你去做。

做一个表格，列出那些需要现在做的但是感觉应当由别人来做的事情。这个表格上的事情出现的原因包括：

（1）你缺乏把它做正确的威信。

（2）你缺乏正确做它的技巧、信息或者工具。

（3）如果你要做它，其他更重要的任务就不能做了。

只做该做的事情，意味着你应该把那些不该自己做的事交给别人去做。如果你是领导，如何授权就相当重要了。

授权可以这样执行：

1. 委托

作为上司，你可以委托下属为你筛选来电和来信、冲咖啡、填写所有机械性的表格和做其他不那么重要的事情。

2. 放手

有些人不让别人拆他们的信件或者接听他们的电话，因为他们不愿意而非不能够。

这可能是源自对下属的不信任——有很多原因可以说明这是个很糟糕的情况。但是无法放手可能和别人没有任何关系。有些人就是很难要求别人做事。即使他们交给别人一项任务，他们发现自己"监管"得如此之多使得他们在这项任务上花了一样多或者更多的时间——同时在这个过程中与同事有了隔阂。

当你交给别人一件工作时，不要在上面系一条绳子。要确信你的同事知道应当怎样去做，然后让他们以自己的方式完成这件工作。如果他们没有在规定的时间内获得满意的结果，你再去处理这些后果。但是在他们做的过程中你不要插手。

这样，你既节省了时间，而你的同事又不必忍受你的指手画脚。

做事不能拖拉

三思之后就全力投入行动。

——索卢斯特

做事情最糟糕的障碍是可恶的办事延宕。或许每个人都有办事延宕的问题，几乎每个人都有办事一推再推的情况。于是，就会导致事情堆积成山，越堆越多。那么我们推延的是些什么呢？一般来说，是些耗费精力、时间和必须下决心重新开始的令人讨厌的事情。对此，我们早有借口等着呢："没有时间。"

随着时间的推移，办事拖延的程度越来越大，我们不再能够无烦恼地生活和工作。渐渐地，对未了结之事的恐惧就会增长起来。抓住事情，做出决断，哪怕有决断错误或行为错误的风险——这样的勇气踪影全无。令人讨厌的事和未了结的事越堆越多。

此外还有，赶不上时间的人，总想把很多的事一下子完成，以致反而又有更多的事情因为未得以完成而搁下来。

拖延就是你明明知道应该去做，可就是迟迟没有做。那是因为你觉得现在做要比日后做痛苦，所以就拖了下去。然而，当你一再拖延下去，突然发现，如果再不去做，就会更加痛苦，于是你就马上去做了。为什么会这样呢？那是因为痛苦和快乐在心目中相互转化的缘故。拖延到最后的时候，你觉得再不去行动会带来更大的痛苦。

如果我们想解决一个问题，就必须要在造成这个问题的原因上下功夫，否则必然不会奏效。那么，什么才是拖延的原因呢？

原因一：一些事情看上去真的让人不愉快或令人沮丧，因此不愿意面对它们。

原因二：常常说没有时间去做某件事情——事实上只是不想去做。

原因三：经常想，如果把某些事情拖延足够长的时间，最终会有人替你去完成它。

原因四：面对一项任务或一件事情，不知道从哪里或如何开始，因此，将其拖到最后一刻。

你应该仔细找出自己拖延的原因，然后对症下药，努力改变它。

对于一个想要成功的人来说，拖延是最具破坏性的，它是一种非常危险的恶习，它使人丧失进取心。一旦开始遇事推脱，就很容易再次拖延，直到变成一种根深蒂固的习惯。

机会稍纵即逝。那些做事拖延的人是无法达到真正的成功的。拖延无助于问题的解决，如果你想让自己提高做事的效率，就应当立即改掉这个毛病，不再拖拉，马上行动。

别为拖延找借口

我们唯一不得不害怕的，就是害怕本身。

——富兰克林·罗斯福

谁在为拖延时间找借口，谁就是在为浪费生命找借口。浪费生命是最大的失败。

借口有两种，一种是以某事为理由（非真正的理由）；一种是假托的理由。人人都有自己的苦衷，偶尔找点小借口无伤大雅，但是，若寻找借口成为习惯，那它就只能是庸者的护身符、强盗的利剑、懦夫的盾牌。

找借口是世界上最容易办到的事情之一，因为我们可以找到很多的借口去自我安慰，掩饰自己的错误。在工作和生活中都是这样，有的人常常把"拖延时间"归咎于外界因素，总是要去找一些敷衍上司或者其他人的借口，其实这些人是在敷衍自己。拖延时间的是自己，由此而受害的必然也是自己。

拖延时间，意味着虚度光阴、无所事事，无所事事会使我们感到厌倦无聊。看看那些取得过巨大成绩的人，他们都是没有时间议论别人的，也没有时间闲着，他们总是忙于自己的实际工作。如果利用"现在"做一些自己愿意做的事情，或者充分发挥自己的思维能力，我们就永远不会厌倦工作和生活。

IBM公司总裁老托马斯·沃森在看到一些做事拖拉的年轻员工时惋惜地说："人们如此善于找借口，却无法将工作做好，的确是一件非常奇怪的事。如果那些一天到晚想着如何欺瞒的人，能将这些精力及创意的一半用到正途上，他们就有可能取得巨大的成就。"

不为拖延找借口，我们工作的第一步就是"开始"，即使心存恐惧也要这么做。

把你为了逃避工作或责任而想出来的种种拖延借口通通写出来。再把你如果做不完工作或不准时做完工作，会有什么样的后果也写出来。最后，把准时完成这项工作会有什么样的收获也写出来。牢记结果和收获。如果结果并不特别吸引人，或许你可以找别人来做这件事，或不必先做这件事。但如果结果相当可观，就以此来激励自己坚持做下去，并把收获作为自己坚持下去的动力。一旦写在纸上，就可以一目了然地看出自己的各种借口——它们只是借口而已，既然如此就应该停止找借口。况且常常为自己无法完成任务而去寻找借口也是很累人的事，而且人们很快就会看穿你的面目。你不准时处理账单，就不可能准时支付。不要用"创造性"作为逃避职责的借口，不要因为你是一个艺术家，就可以不必去尽其他的日常义务。

今日事，今日毕

时间不允许浪费，我们必须提高效率工作，活得像明天就要死去一样！

——约翰·丹尼斯

今日之事今日毕，只要抓住了今天，你才能拥有明天。在新世纪的今天，商业环境的节奏正在以令人炫目的速度快速运转着。大至企业，小至员工，要想立于不败之地，都必须奉行"今日之事今日毕"的工作理念。

试想一下，一个连今天都抓不住的人，哪有能力和资格去说"还有明天"呢？所以古人说，今日事，今日毕。我们要学会的不是去设想还有明天，而是要将今天抓在手里，将今天作为行动的起点。此时，你抓住了今天，也就等于你真正拥有了明天。

1917 年，赫赫有名的商界老总威廉·奥斯勒在耶鲁大学演讲时，许多同学追问他成功的秘诀是什么，他微微一笑，说了四个字——活在今天。

威廉·奥斯勒博士说得没错。昨天的一切都已属于过去，都已成为身后的风景，而明天尚未到来，还只是未知数。聪明的时间管理者会把昨天和明天的担子甩开，聚精会神地关注今天，把手头的事情全心全意做好。

作为时间管理者，要全身心拥抱每一个迎面扑来的真实的今天，让充实、快乐的每一个今天，成为应对明天的最好准备。

现在有一种人，很像传说中的寒号鸟，他"目光远大"，从来就只看到明天，唯独看不到今天。明天成了他有恃无恐的理由。在他的逻辑中，明天就是希望的象征，而今天比之于明天，就显得太没意义，他不会意识到总有一天，他的生命中将没有明天。而且，明天的成功，没有今天的努力作为踏板怎么行？谁都明白，没有谁能一步登天。若是对自己负责，就不要忽视今天的存在。

生命经不起消耗，很多年轻人在"绕道"10 ~ 20 次甚至很多次之后，发现原来日子就在这些不经意的"绕道"之时给虚耗掉了，而最终自己什么都没能够抓住。

人之所以能区别于动物，那是因为动物只有本能欲求，而人有更高的理想。但人生是短暂的，理想最容易因为时间的流逝而搁浅，明白了时间有限的人，往往会抛开与理想无关的欲求，在有限的时间内实现自己的目标。

人要学会的不是去设想还有明天，而是要将今天牢牢地抓在手里，因为在我们有限的生命里，"时间就是金钱""时间就是生命"。

歌德说："把握住现在的瞬间，从现在开始做起。只有勇敢的人身上才会赋有天才、能力和魅力。因此，只要做下去就好，在做的过程当中，你的心态就会越来越成熟。能够有开始的话，那么，不久之后你的工作就可以顺利完成了。"富兰克林说："把握今日等于拥有两倍的明日。"将今天该做的事拖延到明天，而即使到了明天也无法做好的人不少。应该今日事今日毕，否则可能无法做大事，也不太可能成功。所以应该经常抱着"必须把握今日去做完它，一点也不可懒惰"的想法去努力才行。

有些人在要开始工作时会产生不顺心的情绪，如果能把不顺心的心情压下来，心态就会愈来愈成熟。而当情况好转时，就会认真地去做，这时候就已经没有什么忧虑的了，而工作完成的日子也就愈来愈近。总之，必须现在就马上开始去做才是最好的方法。哪怕只是一天或一个小时的时光，也不可白白浪费。

珍惜时间，提高效率，这才是真正积极主动的工作态度。

不要犹豫不决

当许多人在一条路上徘徊不前时，他们不得不让路，让那些珍惜时间的人赶到他们的前面去。

——苏格拉底

犹豫不决的人总是拿不定主意，徘徊在取舍之间，无法定夺。这样就使得本该得到的东西，却轻而易举地失去了；本该舍去的东西，却又耗费了自己许多精力，浪费很多时间。而时机是不等人的，"流光容易把人抛，红了樱桃，绿了芭蕉"。其实人生很多时候，果断地做出行动，竭尽所能地去努力，才能尽可能地利用时间，取得成功。

小欣要买一件东西时，习惯事先把全城出售那东西的店铺跑遍，她走进一个商店，便从这个柜台跑到那个柜台，从柜台上拿起要买的货物，仔仔细细地打量，她看到这个颜色有些不同，那个式样有些差异，也不知道究竟买哪一种好。结果，常常一样也不买，空手而归。

甚至有时候，小欣买下某样东西，她心中也老是嘀咕，所买的东西是否真的不错？是否要带回去问一问他人的意见，不合适再到店中调换？结果，她买什么东西，往往要调换两三次，而内心还是感到不满意。

犹豫的人习惯拒绝做出任何决定，即使是对待极为微小的事情，也仍是如此。若一旦有事情逼着他们去做决定，他们则会像小欣那样，一定要与别人商量，倾听别人的意见，从不让决定取决于自己的判断力和智慧。

之所以如此，关键是因为，犹豫的人总希望做出正确的选择，却又被每一个选择带来的负面结果蒙蔽了眼睛，根本不知道自己想要什么，不知道事情的结果会怎样。面对重大选择时，他们会一再拖延到来不及的地步。他们唯恐今天决断了一件事情，也许明天会有更好的事情发生，以至自己可能会对第一个决断产生懊丧。

有一位公司主管，工作很卖力、很投入，什么事都亲力亲为。然而她的案头总是堆积如山，这倒并不是因为她办事效率低，而是有些问题她拿不定主意，便希望放一段时间，等事态更明朗一些再做决定。

所以，许多需要解决的十万火急的问题就在她的案头积下来，老板和同事看她的工作时，眼中都有了异色。大家对她的评价，也逐渐由高效转为办事拖沓、优柔寡断。她为此感到很痛苦，夜不能寐，烦躁不安，工作效率也开始下降；无疑，这种情况更加重了她的担心和恐惧，慢慢地当面对未解决的问题时，她更加感到难以自控。

先哲曾说过这样一句名言："犹豫不决是以无知为基础的。"

这是因为这类人对事物、对工作的处理方式，总是缺乏快速、敏捷的分析与判断。对工作缺乏全局的理解和判断，不能审时度势，不能抓住问题的要害，因而显得非常没有效率。

因此，犹豫不决是效率的敌人，也是成功的障碍。俗话说得好："机不可失，时不再来。"在患得患失之后你会发现机会已经溜走了，那么，再埋怨和懊恼又有什么用呢？有勇气、有智慧、有胆略的人是不会犹豫不决的，他们懂得把握机会、速战速决。只有牢牢把握住效率的先机，才会与成功越来越接近。

是懒惰带走了你的时间

懒惰就像一把锁，锁住了知识的仓库，使你的智力变得匮乏。

——萧伯纳

懒惰，就是偷时间的贼，是魔鬼用来诈取人的宝贵财产的一个有力的武器。这是一个绝对致命的习惯。懒惰的坏习惯会给生活造成巨大的影响。它会使你感到压抑、茫然，还会降低自尊心；它妨碍你达到目标、实现梦想。

懒惰的人总是觉得来日方长。正如《你能赢》一书中所描述的那样：

一个小男孩说，当我成为一个大男孩时，我会做这做那，我会很快乐；而当他成为一个大男孩后，他又说，等我读完大学后，我会做这做那，我会很快乐；当他读完大学时，他又说，等我找到第一份工作时要做这做那，并会得到快乐；当他找到第一份工作后，他又说，当我结婚时我会做这做那，然后就会得到快乐；当他结婚时，他又说，当孩子们从学校毕业时，我会做这做那，并得到快乐；当孩子们从学校毕业时，他又说，当我退休时，我会做这做那，并得到快乐。当他退休时，他看到了什么？他看到生活已经从他的眼前走过去了。

成功的时间管理者都明白，懒惰的习惯必须克服掉。懒惰是人性的天敌，一个人只有战胜了懒惰，超越了自我，才能为事业赢来更多的时间和机会，才会更靠近成功。

许多时间管理者本来有很高的天赋，然而正是由于惰性而使他在前进路上充满荆棘坎坷。有的时候，也许是他的伙伴有懒惰的习惯，这也同样会导致失败。

法国著名的天文学家卡米尔·弗拉马隆就遇到这样一位令人头痛的助手。他的这位助手懒惰而且贪睡。在让他观察星球运动时，他总会睡着。由于助手的失职，弗拉马隆对星球的观察不止一次遭到失败。

时间管理者在寻找合作伙伴时，一定要注意对方是否有惰性，否则等待你的道路不会是一帆风顺。

有懒惰习惯的人，往往自以为比较聪明，什么东西一学就会，理想很高，却又不愿付诸实践。对于别人的成功，也总是不太在乎，认为自己只要努力做，是不会比别人差的，然而自己从不肯去努力。

速度决定成败

在竞争如此激烈的时代，没有速度，将无法融入整个高速运转的社会里，最终还有可能会被社会无情地淘汰。

——托马斯·杰弗逊

在速度的时代，没有速度的人将被淘汰。

用时间好比用金钱，如果你知道怎样用钱，也就应该知道怎样用时间。金钱与时间，在"会用"与"不会用"者的手中，可能产生天壤之别。

善于理财的人，能够用有限的金钱买到他所需要的东西，甚至以钱滚钱，创造更多的财富。至于不懂理财的人，则可能毫无计划地使用，东买一点、西添一样，到头来买的东西不少，却可能该有的没有，买来的又无用处。同样的道理，会用时间的人，懂得如何安排时间，按照事情的缓急来安排，到头来不但完成了他要做的，而且还有剩余时间。至于不会用的人，则东摸摸、西磨磨，时间一分一秒地过去，浪费的比利用的多，犹豫的比决断的多，时间永远不够用，事情永远做不成。

有一个人总是急急忙忙地做事，朋友问他为什么这么赶，何不轻轻松松慢慢来。他回答："我做事快，正是为了争取多余的时间。你们看到的固然是我忙碌的一面，其实当我回到家，却有比你们更多的休闲时间，也利用它完成了许多业务之外的理想。"这个人是以速度来争取时间，他把零零碎碎的"小时间"汇集起来，成为大时间，也就能有较大的用处。比起那些做事总是拖拖拉拉，永远没有较多"空闲"的人，他当然会取得更多的成功。

此外，时机的获得也需要速度。所谓"机可不失，时不再来"，当时机来临，你要立即行动，把握住时机。

有许多事情的成功并非源于想好了再去做，那种想好了再做、深思熟虑后再做往往是对行动的拒绝和搪塞，就像那些惯于以"研究研究"的官腔变相拒绝别人的积极建议的人一样，不去抓紧时间。

许多人一生无所作为，是因为他们一定要等到每件事都万事俱备时，等到万无一失时才去做。可是，这期待中的万无一失、万事俱备何时才能到来呢？

时间、机会往往就是在漫长的不慌不忙的等待中消失。

人才学家乔治·韦尔曼告诫人们："你要争取时间，立即行动，可以想好了再做，更可以边想边做。"这不仅是管理时间的好办法，也是实践给人的启迪。

之所以很多人办事总是慢悠悠地等待万事俱备，其实质是畏难与无自信。因此，在发生困难时，要敢于面对，也要能充分预料困难。

第七章

利用好零碎时间，
积少成多也能干成大事

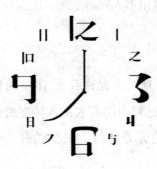

时间就如海绵里的水

时间就如海绵里的水，只要愿挤，总还是有的。

——鲁迅

时间的增加有两种渠道：节省和变相增加，然而人的一生中可开之源毕竟有限，最重要的是惜光阴、巧节流、挤时间。

在这里，介绍几种简单可行的办法以供时间管理者参考。

1. 舍弃不重要的事情

例如，由于 A 项的延迟已侵占 B 项的时间，若无意外，更重要的 C 项（如赶火车或飞机）也将顺延，那么不妨将 B 项缩短或取消。

2. 请别人帮忙

把一件工作分成几件小项目由多人同时来做，以缩短由一个人来做同一工作所需的时间。

3. 挤用弹性时间

一般，我们在制订时间计划时，允许存在 10% 的弹性，称为允差时间。若在实际执行过程中能有效将各种事情处理完毕，那么就可以挤出这 10% 的允差时间，积少成多，是相当可观的。

时间如海绵里的水，要靠一点一点挤；时间更像下脚料，要学会合理利用。一点一滴地累积，就会得到相当长的时间。

提到挤时间，有的时间管理者苦恼地说，一天工作 8 小时，有时还有其他活动，每天排得满满的，哪还有时间可挤？但是，事实告诉我们，只要我们想挤，总会挤出时间的。一个人如果常年不挤，反而觉得有的是时间，松松垮垮，他将一事无成，他的有限生命也会一闪即逝。

挤出来的时间看似没有多大价值，但时间长了你会发现，很多事情都是在这些时间里完成的。

时间对于每个人来说都是公平无私的，只要你愿意，就可以挖掘时间的潜力，扩大时间的容量，用挤出来的时间去实现更多的梦想。

我们每天只要挤出微不足道的 1 分钟，一年就可以挤出大约 6 小时的时间。如果每天能挤出 10 分钟，那就是相当可观的一个数字了。一周工作 5 天，每天工作时间为 8 小时，而一天中再挤出 10 分钟，那么一年就可以增加 5 天多的工作时间。由此可见，时间的弹性是很大的，只要我们善于挤时间，便能大大增加时间的利用率。

透支时间的后果

时间就像一个磁卡，你可以让它透支，但其后果是，你再也没有可以使用的时间去做你想做的事。

——约翰·丹尼斯

你是否向别人承诺过什么，却一直没有实现；你数月之前就要写的那封信是不是还没动笔呢；主动跟老板请缨的那个项目，快到期限了好像还没有头绪……大大小小没有完成的任务就像你银行账户透了支，如果不尽快还清就会导致更大的损失。不过有一点不同的是，财政上的危机你可以通过削减支出来解决，而时间债的背后是令人无法面对的人情债，为什么你在轻易承诺的时候，没有想到日后它们会在日程清单上被一拖再拖？

时间债就像滚雪球，拖的时间越长，雪球就越大。举个例子：你必须写一封详细的回信，拖的时间越久，它给你带来的焦虑和压力就越大，所以你不要等到实在躲不过去的时候再写，而要一开始就写一封简短的回信，这样既完成了任务，也减轻了工作量。或者你可以通过电话解释清楚，这是比较礼貌的做法。当你开始处理这些时间债的时候你会发现，它们并没有想象中那么多，没准儿等你全部完成的时候，你会发现自己不再讨厌这项工作了，下一次遇到类似的任务就更加好办了。

如果时间磁卡透支了，你就再也无法把时间充进去了。你面对的只能是遗憾和无奈。轻易不要让时间磁卡中的时间余额不足，尽可能多地节省开支和储蓄时间是明智之举。

活用你的零碎时间

零碎的时间就如沙粒，虽然每一点都不显眼，但多了能聚成沙漠。

——布朗里

好好安排一天的时间，做好规划，才能提升做事的效率，避免时间的浪费。"活用零碎时间"乃是"开发时间"的先决条件。

所谓零碎时间，是指不构成连续的时间或一个事务与另一事务衔接时的空余时间。这样的时间往往被人们毫不在乎地忽略过去。

仔细分析一天的生活作息就可以发现，零零碎碎的空闲时间要比想象中来得多。

一天 24 小时，扣除睡眠只剩下 16 个小时，而这其中零碎的时间就几乎占了 1 / 4，甚至还有人超过 1 / 2。至于这些宝贵的时间，多半就在缺乏分配、规划的情况下，白白浪费在东摸西摸、一事无成的生活里。

零碎时间大致可分成两种类型，一种是不可预见的零碎时间，事前思想并无准备。如与某一人约会时，由于对方临时出现意外情况，有事或某种原因不能赴约，使你白白等了一段时间——15分钟或20分钟；又比如你排队买东西时，也要等一段时间；到饭店进餐时，从点菜到菜上桌还要等上一段时间。

另一类型则是可以预见的零碎时间，事先思想有准备，知道要有多长时间。比如，常常乘火车和轮船的人，在候车室等候开车或开船的时间，这是可以预见的；当然更应当有效利用的则是在火车上、飞机上、轮船上的时间，这也是可以预见的时间。还有会前等待的时间等。

如果你每天的零碎时间只有2小时，也不要小看这2小时，2小时的业余时间有些人可能感到不足挂齿，经常白白地消磨过去。但假若你一天利用业余时间学习2小时，按70年计算，扣除学龄前7年，就是45990个小时，合5748个学习日，相当于比15年还多的学习时间。

即使你是每天只抓紧一个小时的业余时间学习，那么一年也有365个小时，合45个学习日，一个半月的时间。试想，在一年中你无形地增加了一个半月的纯时间，将给你的事业带来多大的价值！因此，绝不能小看零星的业余时间。而且，凡是有成就的人，都是能巧妙而有效地利用闲暇和零碎时间的人。

但如何才能有效运用这些零碎的时间呢？

首先，必须将以往处理过的事情，根据当时所花费的时间，找出有哪些空闲可以用来做这些事。例如，如果有5分钟的时间，你就可以用来打打电话、制订计划、整理一下思绪或准备资料。

如果有 5 ~ 10 分钟的空闲，可以去翻翻报纸、阅读一下新闻、研究一些信息或写份简单的报告。

另外，有些比较复杂但并不急于完成的事，就可以将其分成几个阶段，利用片段时间完成。如此一来，既可有效利用零碎的时间，而且所得到的成绩必定要比仓促赶工来得完美。

一个高效能人士善于将零碎的时间有机地利用起来，从而最大限度地提高工作效率。比如，在车上时，在等待时，可用于学习，用于思考，用于简短地计划下一个行动，等等。充分利用零碎时间，短期内也许没有什么明显的变化，但经年累月，将会有惊人的成效。

本杰明·富兰克林曾说过："世界上真不知有多少可以建功立业的人，只因为把难得的时间轻轻放过而默默无闻。"

滴水成河。用"分"来计算时间的人，比用"时"来计算时间的人，时间多 59 倍。

把零碎时间集中起来做大事

> 如同储蓄一样，时间也可以积零成整。
>
> ——居里夫人

时间也可以积零成整，要学会把零碎时间集中起来做大事。

零碎时间虽短，但倘若一日、一月、一年地不断积累起来，其总和将是相当可观的。凡是在事业上有所成就的人，大多数是能有效地利用零碎时间的人。

富兰克林曾说："我把整段时间称为'整匹布'，把点滴时间称为'零星布'，做衣服有整料固然好，整料不够就尽量把零星的用起来，天天二三十分钟，加起来，就能由短变长，派上大用场。""忽视当前一刹那的人，等于虚掷了他所有的一切。"这是成功者的秘诀，也是我们学习借鉴的好方法。

伟大的生物学家达尔文也曾说："我从来不认为半小时是微不足道的一段时间。"诺贝尔奖获得者雷曼的体会更加具体，他说："每天不浪费或不虚度或不空抛剩余的那一点时间。即使只有五六分钟，如果利用起来，也一样可以有很大的成就。"把时间积零为整，精心使用，这正是古今中外很多科学家取得辉煌成就的奥秘之一，也是我们应该从他们身上学到的优点之一。

人们常常以为，一天的时间并不算短，浪费上几分钟何足道哉？但是，一天里能有多少个几分钟呢？你轻易放弃了眼前的几分钟，以后的那些几分钟大概也会同此下场。时间里面有数学，时间既是加法，又是减法。善于利用时间，积少成多，是加法；反之，看不起零星时间，随便弃之，丢一点少一点，就是减法了。人的一生亦然，既是加法，也是减法。对一个人的年龄来说，过一天，加一天；而对寿命来说，则是过一天，减一天。面对时间的减法，大可不必悲观，生活中正在流逝的分分秒秒固然瞬息即逝，但又是可以抓住的，因为它是现实的时间。俗话说："滴水可以穿石。"这正是时间的加法在起作用。

如何把时间积零成整呢？由于时间不能储存，不能采取到银行储蓄的办法搞零存整取，其诀窍就是要把工作化整为零。当某项工作需要占用较多的时间才能完成，而我们的时间有限，难以找到这么多的时间，只要能把这项工作分解为若干部分，化整为零，就可以用这些零星分散的时间去做，积以时日，最终就可以做完。

一位上海青年，曾是街道房屋修建队的小木匠，他从补习中学课程开始，直到学完大学课程，达到用英、德、日、法、俄5国文字阅读数学文献的水平。他利用零碎时间学习，每学完一小时，就在本子上画一条短线，学满5小时，写一个正字……终于被破格录取为研究生，1987年又赴法国深造。与其他木匠相比，简直是天壤之别。

是的，充分利用零碎时间，短期内也许没有什么明显的感觉，但成年累月，将有惊人的成效。

将利用零碎时间养成一个习惯，可以在衣袋里或手提包里，经常携带一些东西，如图书、笔和小记事本，这样你就可以在排队时，在候机时，在乘公交车上下班时，不会无所事事地空耗时间了。"集腋成裘""聚沙成塔"一样适用于时间。

不要认为零碎时间可以任意流逝。当你将它们集中起来干了大事，才知道原来每一分每一秒都不能随意放弃。

利用你的上下班时间

把上下班的时间也当成你的工作时间加以利用，你的时间自然就多出来了。

——彼得·德鲁克

我们每天上下班都会赶上交通堵塞，在拥挤的交通工具中无奈地等候确实令人感到痛苦。但是，如果变换一下看问题的角度，把这段时间看成可以让你任意支配的自由时间。那情况就不一样了。

在这段时间里你可以发挥你的想象力想一些事情，也可以构思演讲的大纲，还可以利用自己的眼睛和耳朵轻松地获得不少信息。这样一来，与在车上无所事事发呆相比，我们不是在时间上获得了一笔额外的收入吗？

如何让上下班途中的时间变得充实又有意义呢？我们可以给你一些建议。

（1）如果打算阅读一些书籍，首先可以锁定某个题材、作家或系列的专业书等，并且下定决心一定把它们读完。别忘了随身携带俗称 N 次贴的可撕式便条纸，将印象深刻或认为值得回味的部分贴上标签，做个简短笔记以便下回的衔接。

（2）聆听巴赫《勃兰登堡协奏曲》的大提琴演奏CD，让整个心灵沉浸在优美的乐曲里。此外，贝多芬的钢琴奏鸣曲、莫扎特的弦乐四重奏等，都是值得一听再听的经典名曲。优美的乐曲除了能让我们心境趋向平和外，也能使我们在上班时间内充满活力。

（3）一天记一个单词，写在卡上随身携带。每天背点英文单句会话的基本例句，渐渐就能积少成多。

（4）一边阅读以自然景物为题的短诗，一边看着鸟类图鉴或植物图鉴，脑海里面几近于一种冥想，丰富整段搭车的时间。

（5）观察沿途风景——观察从家中到车站的道路两旁和交通工具等的变化，看到新的建筑物和商店就可以感受到诸如"啊，最近这种商店受欢迎""这条街道正在被开发"等趋势。

（6）观察其他乘客——在不同的时间段、不同的车站、不同的线路上，乘客也不同。我们可以发现"在较早的时间里中老年人居多"以及"这条街上住着许多年轻人"等。当然，这也是通过观察其他人的穿着而得知最近流行款式的绝好机会。

（7）合法地偷听——在混乱的车中或月台上，你可能听到别人的谈话。你可以从这些谈话中获得很多最新的信息。

如果开车去上班的话，你利用这段时间的方式无疑会受到限制，安全总是第一位的。但你可以利用这段时间来听听收音机。你也可以开始新的词汇练习。现在教育题材的录音带越来越多，你可以买些录音带学学外语；听听商务报告，或者是接受记忆力训练。你还可以利用上下班这段时间来规划好自己一天的工作，并在来到办公室之后把它们写到纸上。

等待的时间可以做很多事情

如果等待无可避免，切忌随便打发，你应该让这段时间为你所用。

——佚名

不管你是多么精密地规划你的时间，但是还会出现让你不得不等候的情况，因为生活总是会出现一些意外情况。也许你已经想好了如何利用等候的时间，以减少自己的时间损失，可是一旦你不能按计划进行，你的那种失望和挫折感一定会对你有所影响。

既然"等待"的时间不可避免，那么减少"等待"时间的最好办法就是充分地利用"等待"的时间，这样也就可以变废为宝，减小"等待"的损失。

等待是放松自己的最佳时机。如果情况允许的话，你不妨以同样的力度重复张闭双眼，甚至假寐片刻。

如果你不能在等待的地方坐下来，你也可以试着用平衡站立的方式放松自己。有些人曾经说，他们经常可以用这些方法获得每天平均 1 ～ 2 小时的休息时间。在休息完毕之后，体力和精神皆获得补充。

有的人对于路上塞车的时间，很有利用之道，开车时总是带着一些技术报告或商业杂志，遇到塞车或红灯时，就抓紧时间看上几行字。还有一位时间管理专家，在车里放上一把拆信刀，每次开车时都带上一叠信件，利用红灯时看信。据他说，这些信件都属于非重要的信件，但是如果不花时间去看，又恐怕会遗漏某些重要信息。所以利用这些空当就能将其处理，等他把车开到办公室时，信件也已经处理完了。

等待的时间可以做很多事情，如果让时间就在等待的时候倏忽而过，就是对生命的浪费。利用等待的时间，兴许会发现一次机会、一个改变人生的机遇。利用等待的时间，将让你的生命更加有效率。

利用间隙办事

当你有空闲时，就该好好利用这段时间，千万别把这些时间浪费掉。

——查尔斯·加菲尔德

意料之外的空当，是因为发生了控制之外的事情，突然出现在你日程表中的时间。你开了一个小时的车去赴约，竟发现你的客户在那天生病了，而没人想到要通知你。现在你有一个小时或类似的意料之外的空当。

或者你外出赴一位客户的午餐邀约，而接到一通电话取消这次的会面，又是一个小时或类似的意料之外的空当。你计划得好好的一天，活生生被拆得零零碎碎。

意料之外的空当屡屡发生，并且不可预料。你可以允许它破坏你的一天，任由时间浪费而去，你也可以准备好好去使用它。

空当时间绝对不该浪费在做白日梦、发呆上，这段时间可是自我教育的最佳时机，可以读些书、看些文章或看些跟你工作相关的文件。对成功者来说，教育不是从学校毕业后就结束，而是一种终生学习的过程。

如果上班时间内你只有一点工作要做，那么你又如何才能让空当时间更有生产力呢？答案就是：填补空当。填补空当指的是那些当你在有空时，就会去做的非例行性活动。填补空当的重点是，做这些事要不就是让你有额外的收入，不然就是能增加你某方面的专业能力，或者是让你达到其他具有生产力的目标。反正，进行这类活动的目的，就是要避免自己把空当时间浪费掉，要把这些时间变得更有生产力、为你带来更多利益。

空当时间是找些你感兴趣或能增加职场技能的课程来上的最好时机。虽然大家都倾向去上些商业课程或计算机课程，但别忘了找一些自己有兴趣的课程上，比如短篇故事写作、油画、希腊史等课程，只要有兴趣就可以。

我们因为拥有某些领域的知识或因工作而对某些领域比较专精，所以做的就是那方面的工作。那么，如果对自己的工作领域更专精些，这样不是也很好吗？这样一来你不就能有更多贡献，也能让老板更注意你，让自己立于更有利的地位。

当你有空当时，上图书馆去看看书、做点研究。建立一个剪报信息档案，或是自己专业领域的小图书馆。把空当时间花在让你自己成为特定领域的专家上，然后把这类专业知识再提供给客户或员工。这么做绝对值得。

总算快下班了，但也还不可以松懈，虽然是"黎明前最黑暗的5分钟"，也一定要管好你自己的时间。

临近下班的时刻，每个人都会归心似箭，脑海中早已幻想着晚上的电视节目、与朋友或家人会面的情景。但在此之前，仍需定下心来，将一天的工作做个妥善的总结。

整理备忘录。备忘录上记载了一天的工作摘要，包括当天会见的人士，新获得的名片资料等，内容多半繁杂无章，故在一天工作结束前将它整理一下。这样不但能掌握当天的工作进展，也便于日后翻阅。检查工作表上当天应进行的工作项目，已完成的做上记号，对未完成的项目也做到心中有数。

拟订翌日的工作表。把当天的工作表检查完毕后，接着列出翌日应进行的工作项目，拟订工作表，此时可参照备忘录，以防疏漏。整理办公桌。下班前将办公桌整理得干干净净，才算真正结束了一天的工作。

找出隐藏的时间

隐藏的时间，就是我们平时不注意而白白浪费的时间。要想成为一名高效能人士，就要善于利用隐藏的时间，并坚持不懈地加以利用。

在日常的生活中，我们每天至少有 2 个小时的时间白白地浪费掉。这些隐藏的时间看来不起眼，可是你不妨算一算，一天浪费 2 小时，一个月就是 60 个小时，一年就是 700 多个小时，10 年呢？30 年呢？积累起来就是一个庞大的时间群体。如果善于利用这些时间并坚持不懈，便可以完成一项大事业。

很多人也许抱怨时间不够用，或者认为时间过得太快，如果你找出隐藏的时间，并把它合理地安排到学习中去，这对你实现目标将起到很大的作用。

一些高效能人士善于利用隐藏的时间，并坚持不懈，从而帮助自己提高了工作效率。

琼斯是一家公司的总裁助理，以前她只是这家公司的一个小小办事员，那时工作本来就十分紧张，可是总裁又安排了一项新的任务——帮助总裁处理一些公文信函。为了锻炼自己，她毫不犹豫地接受了这个工作。

一开始，她总是完不成任务，并且忙得不可开交，丢三落四的烦恼总是与她形影不离。后来她改变了以前的工作方法，白天在公司里办公，下班时她把这些信件带回去处理，利用等车、坐车、饭前、饭后这些时间把这些大部分是没用的信件处理掉。这样一来，她的工作效率很快提高了，不仅顺利完成了本职工作，而且利用在别人眼里无所谓的时间完成了新的任务。

由于她工作出色，受到了总裁的表扬，第二年就被提拔为总裁助理。

琼斯善于利用隐藏的时间，并坚持不懈地利用下去，提高了自己的工作效率，出色地完成了总裁交给她的任务，受到了总裁的表扬，自己的地位也有了提高。

当你坐在车上准备上学的时候，你可能碰到过这种现象：有的人总是两手空空，东张西望，瞧瞧这儿，瞅瞅那儿，无所事事的样子。你设想一下，像他们这种人在公司里，能够得到上司的赞扬吗？工作效率能提高吗？这不是在无意中浪费时间吗？

时间就是金钱，时间就是生命。在我们的生命里能有多少时间是真正属于我们自己的？所以，要想实现自己的人生价值，就必须抓紧时间，哪怕是一分一秒也不能浪费。长期坚持下来，你的学习、工作、生活的质量就会有一个很大的提高。

那么，怎样才能把隐藏的时间找出来呢？以下建议，对你会有所帮助。

1. 拒绝别人的打扰

如果有某个人走进了你的办公室，并不在日程安排之内，他想和你谈谈与他自己有关的某些事，那么就毫不客气地立刻拒绝。

更不要以茶点或咖啡款待未经约定的访客，你要学会根据访客对你工作的重要性加以分类、判断，然后考虑要不要让访客在你的办公室里喝点或吃点什么。

2. 从办公桌上找出隐藏的时间

你可以在许多不同的地方进行重要的思考、企划、组织以及时间安排等工作，可是，你一天中的例行工作，很可能是在办公室的一张办公桌，或工作场所的某个特定地点集中完成的。如果能把办公桌布置成一个具有相当效率的个人工作站，并使它高度配合你的需要，那么，你的时间可能就会因此节省很多。

考虑的项目可以包括：抽屉的数量是否足够，以尽量减少桌面的凌乱；备有特殊指南的个人档案夹；一只可以随时移动的废纸箱，以节省地面空间。如果你工作的地点是银行或前端的办公室，随时备有可移动的废纸箱尤其重要。

3. 买下任何可以提高效率的工具

别心疼所花的一点小钱，如果每天省下一两分钟，每年就可节省好几小时。

4. 重新安排空间与设备

如果工作场所的结构不符合每日工作的路线，那么多走路就会浪费时间与精力，因此需要安排重要的设备、储存室、办公桌和电话的位置以节省大量的时间。你也许需要专做办公室和工作场所设计的顾问提供专业建议，借助专家帮你研究工作路线，重新安排空间与设备，可以协助你把隐藏的时间找出来，提高工作效率。

5. 利用零碎的时间

不要认为零碎时间只能用来办些不太重要的杂务。最优先的工作也可以在这少许的时间里去完成。如果你照着"分阶段法"去做，把主要工作分为许多小的"立即可做的工作"，你随时可以做些费时不多却很重要的工作。这给你带来的好处是不言而喻的。

比如，早餐可以边看电视新闻报道或边阅读报纸边吃，如果能在出门前将报纸阅读完毕，就能利用乘车时间浏览其他的书籍。

6. 节省途中时间

把这么多时间耗费在毫无意义的往返路途中，不如想想其他的方法。如果你有能力的话，为什么不把家搬到一个离公司近的地方呢？或者你也可以在离家不远的地方找一个工作。

7. 充分利用睡前时间

如果你觉得自己缺乏思考问题的时间，不妨试着坚持每天睡前挤出十几分钟的时间，一旦形成了习惯，就很容易长期坚持。

8. 会议前先问自己几个为什么

各种各样的会议，无论是正式的，还是非正式的，都有可能浪费你的时间，因此，要养成在会议召开之前问自己一些问题的习惯，主要有以下几个问题。

如果不召开这次会议会怎么样呢？

为什么要召开这次会议？

这次会议的结果将是什么样的？

这次会议需要多长时间？

有必要参加这次会议吗？

怎样安排好这次会议？

什么时候召开这次会议最合适？

如果你不能满意地回答这些问题，就不要召开或参加这个会议。

9. 缩短处理不必要信息的时间

生活中很多过剩信息使我们很难把精力集中在最重要的工作上。为了提高工作效率，必须制定可以帮助我们缩短处理不必要信息的时间的策略。而处理不必要信息的关键之一，就是按重要性排列阅读材料。

第八章

妙用时间小窍门，
让生活简单而高效

节约交际时间的妙招

时间不是拿来消遣的，而是为了打造美好的明天。

——佚名

我们每个人都需要生活中的好朋友和合作伙伴，有时候与这些朋友的交往可以使我们获得精神上的享受和心理上的安慰，同时还可以在事业上相互鼓励和促进。但有时候会浪费许多不必浪费的时间，从而影响一些工作的正常运行。

所以，我们应该学会一些节约交际时间的妙招。

1. 做好准备工作

没有经过准备而进行的交际，实际的效率往往很低，甚至没有一点效用，还会影响你的心情。在开始交际之前，我们要对交际所要达到的目标、要讨论的细节内容胸有成竹，从而根据自己的具体情况制定出几个可行的方案做好应对。这样，在交际中才能做到有的放矢，在合适的时间内解决问题。

2. 尽快切入正题

双方见面之后，从寒暄到进入正题常常需要一个过渡，尤其是一些十分讲究人情礼节的人，总是喜欢先讲上许多客套话之后，才讲出自己的真实目的，否则就觉得太突兀，好像见面就是为了

每天多出 3 小时：时间管理秘诀

办事情。这样一来，人们就在无聊无用的话题中浪费了许多宝贵时间。

如果你的交际应酬是出于商务或者工作上的目的，那么就在简单问候、寒暄之后直接步入主题，让有限的时间发挥最大的价值。

3. 把时间控制好

交际中你应该掌握谈话的主导权，要使双方的谈话不偏离主题。在谈出结果的时候，你要抓住时机阐述结论性意见，让对方知道你们的问题已经谈完。同时你还可以用看表等暗示对方的方法来尽快地结束你们的会谈。

如果交际交谈中，要谈的事情都已经说完了，而对方仍在滔滔不绝地向你述说一些你并不乐意听的事情，而且绝无要走的意思，你可以主动地说："不好意思，我还有一些急事去做，你如果还有事，我们改日再约个时间，好吗？"或称身体不佳而委婉地拒绝客人，让其告辞，如此才能避免花费很长的无聊时间。

交际是必要的，但如果不能有效控制，交际就会变成陪吃、陪喝、陪笑，还要赔上自己时间的让人头疼的事。所以，应酬与时间管理当然是有相当联系的。避免一些在应酬中的烦恼与时间的浪费，我们还可以试着想想下列的情况，设法改善。

尽量用中午时间应酬。时间管理专家建议，中午一点到两点是最不浪费的应酬时间。想想看，上午办公室坐久了，有些沉闷，应该出去走走。

避免不必要的应酬。这句话好像人人都知道，却很少人做得到。原因很多，归纳起来，就是"不好意思"。因此，有应酬应当分析一下，可免去的尽量免去。对于一些简单的事情，尽量避免见面应酬，可以通过电话或者邮件来解决。在打电话的时候，也应该遵循少说话、多办事的原则，能够在3分钟内解决的事情就不要说上5分钟。

尽量提早通知。西方人的应酬都提前7天就要把请帖送到与会者的手上，所以如果要请客，最好是在3天前完全确定参加的人数，这仍然与时间有关，因为可以早早给客人做时间的安排及准备。

打电话节约时间的窍门

时间在闲话中渐渐流逝，生命也随之不断暗淡。

电话给人们带来难以置信的方便，为不同区域的人们联系沟通节省了许多时间。但利用不好的话，电话又成为一大费时因素。如果这样的电话泛滥了，就会大大地耗费我们的宝贵时间。

不知不觉中电话会浪费很多本来你可以自由支配的时间。我们怎样才能提高彼此在通话时的理解度，找到准确的措辞，适时地结束通话呢？

1.列出要打的电话和内容提要

追求效率的人需要打电话时，事先会列出一个打电话的计划表。表中明确地写出要与哪些人通电话、电话号码分别是什么、在电话中要说的事情有哪些。这样便能确保不会因为事情太多，时间太紧而办不好打电话这样的小事情，使一件事情做起来都是井井有条，遇事不乱。有些人认为打电话时，自然而然知道要说什么了，没有必要事先想清楚要说的事情。但事实表明，如果没有事先想清楚要说的事情和话，而是即打即想的话，极有可能遗忘一些事情，若漏掉了重要的事情是会误事的。刚放下电话又拨通对方电话的情况并不少见。所以在打电话前，最好能列出要打的电话和内容提要，这是节约电话时间的第一步。

2. 言语简洁，直接进入主题

通话时应尽量概括你要说的内容，尽管电话费没有多少钱，但是它浪费了对你来说更宝贵的东西，那就是时间。千万不要用"你最近怎么样"开始一段对话，因为它很容易把通话引向老朋友叙叙旧什么的，简短地说声"你好"，然后直接说你的要求和理由。

这样简短的开场白既为你节省了时间，又能使与你交往的人了解到你是一位时间珍惜者，因而他们会习惯性地简单明了地直奔主题，谈话时切入主题后还应谈重点，这样不至于挂上电话后才发觉还有重要的事没谈而重拨电话，导致浪费更多的时间。

3. 尽量站着打电话

对重视时间效用的人来说，打电话追求的是省时又省力，如果通话时全是一些与主旨无关的"题外话"、闲情话，对他会是一种煎熬。

有一个可以防止长篇大论打电话的方法是，当你意识到这个电话可能要打得时间长一点，但又怕耽误自己的工作，想控制一下电话的时间时，你可以站着接电话。当你站累了时，你也就没有精力继续说话了。对方看你的情绪不高，也就不会继续说了。

在你站着接电话时，还可以找一些轻松的事情来做。比如一些不会分散注意力，只需用手就可做的事情。

4.掌握主动，适时结束

不管是打出去的电话还是接听的电话，都应该在通话过程中掌握主动，控制话题的进展。该结束时，要懂得有技巧地结束通话。但一般来说，就礼貌而言，如果没有脱离话题以致厌烦的话，应由打电话者先提出结束通话。

如果所有重要的事情都已经讲完了，你就应该果断地结束通话。但如果对方长谈不已，而且所说的话越来越偏离主题，则你也可以委婉地结束电话。例如，你可以说："对不起，我得请你挂断电话了，因为我手头还有一堆文件要处理。"

简单明了地结束电话，可以为你获取更多的宝贵时间来做重要的事。电话仅仅是一个办事的工具，它绝不会为你做完所有的事情，挂断电话、开始工作才是最重要的。

我们在工作与生活中，肯定也会遇到一些难缠的话多的人。

为了能节省自己的宝贵时间，争取自己的权利，你必须拉下面子来结束通话。

阅读信息的省时技巧

有些书可供一尝，有些书可以吞下，有不多的几部书应当咀嚼消化。

——培根

现代社会是个信息社会，我们每天都淹没在大量的信息之中，网络、报纸、电视、电台、图书、手机短信，等等，我们除了睡觉之外，几乎无时无刻不在接收着信息。但究竟有多少信息对你的成长和发展有利、对你的目标有好处呢？我们如何善于阅读获取信息，事半功倍地迅速取得成功呢？

阅读是学习知识和获取信息的重要途径。阅读学习是对有价值的知识和信息的追求，它是根据自己目标要求开发和扩大自己知识领域的一种手段。

很多人在电游（包括电子游戏和网络游戏）和电视前花费了太多的时间，却自我安慰说多少学到了一些有益的东西，那实际上是在自欺欺人。因为无论是电游还是电视，都更加强调事物的外表，而不是它的实质。从本质上来说都是一种供大众娱乐和消磨时间的工具，却不是一种教育和学习的手段，它们无助于你提高自己的能力和社会地位，也无法帮助你改变和掌握自己的命运。

也有的人在接受信息的时候通常不加区分。也许你还没有意识到，自己常把时间浪费在为了满足好奇心而做的"猎奇"行为上。比如说，你会因为对某位明星的婚姻、私生活等花边新闻特别感兴趣，而把一切相关报道一字不漏地记在脑海里，并且津津乐道地四处宣扬。而报纸、电视等各种传媒也都抓住人们这个"猎奇"的心理，大肆渲染他们四处搜集来的八卦新闻，从而更加刺激你的"猎奇"兴趣。但你是否想过，这些八卦内容和你到底有什么关系？其实这对你的人生根本没有实质意义，只不过是在浪费时间而已。它会像蛀虫一样吞食有限的时间，侵蚀人的生命，使人变得晕头转向，陷入困扰而无法解脱出来。

如何有效阅读？如何分配花在报纸、网络、图书、杂志、论文著作等上的时间？如果你感觉每天用 10 分钟以上的时间阅读报纸是在浪费时间，结果却发现自己每天实际的读报时间长达 1 小时，或许你该考虑自己的阅读方法了。

1. 浏览要目

对于许多新闻、资讯来说，只需花点时间看一下标题就可以了。然后，有所选择地浏览一下其主要内容。这样，你就可以获取大量有用的信息，还会发现你的阅读越来越有趣。

如果是读书，要先看看书的前言、目录，以及总结，它可以帮助你尽快了解图书的主要内容。只有当你对某部分内容真正感兴趣的时候才去阅读细节。通过这种方式，你可以在极短的时间里获取该书中的大部分重要信息。

有位名人说过：如果一本书在 10 分钟内还不能吸引你的话，就把它扔掉。

浏览要目的效果就好比是"磨刀不误砍柴工"。选出书中值得看的部分，就大可将其他的部分抛弃不看，而对于重点部分可以集中精力来看，将时间用在"刀刃"上，这样更有效率。

2. 边读边忆

在阅读信息的时候，将你认为是重点或关键性的句子，用笔画出来，这样就可以节省下次阅读的时间，或将有用的信息摘录下来保存。这种方法对于需要反复阅读的书或资料有帮助理解的作用，还能使它积淀成为你的知识。

如果对书中的某一问题，在阅读时，有自己的感想，可以在旁边做笔记或记录在读书笔记上，表达自己的观点。

3. 学会速读

速读是在注意力高度集中的状态下，以获取有价值信息为目的的一种积极的、创造性的理解记忆过程。

它是一种"去粗取精"式的阅读，也有人称为"扫描"式或"跳跃"式的阅读，正如爱因斯坦所说的那样，速读就是"在所阅读的书本中找出可以把自己引到深处的东西，把其他一切统统抛掉；也就是抛掉使头脑负担过重并将自己诱离要点的一切"。

一个人读得越快，他就可以节约越多的时间。平时只要根据自己当时精神的集中状况、头脑的反应，以及其他随机应变的手段中寻找时间限制的方法，便可渐渐领悟出什么是最适合自己的速读要诀。只要经常留心做好自我训练的话，自然而然可以驾轻就熟地运用自己专用的独特速读法。

妙用时间管理小工具

一个人可以学会合理有效地使用多种管理工具，以便在同样的时间里使自己更加富有成效。

——吉姆·海耶

时间的流走是很难察觉的，忙忙碌碌中时间就会倏忽而过，加上电话、会议、紧急事故等外来干扰，都会占用你不少宝贵的时间。不妨利用几种时间管理小工具，如一览表、记事本、万用手册、日历等，巧妙地掌控时间的进度，也掌控了自己的生活。

1. 让一览表时常提醒你

一家国际著名公司的区域主管每天到达办公室的第一件事，便是把当天必须完成的重要工作一一列入一览表的清单中。下班时，再拿出来检视一遍，看看哪些工作还没有完成，督促自己向着制定的目标努力工作。就这样，每天好像在和时间"拉扯"，却扎实地完成了最重要的几件事，工作效率事半功倍。他说，这正是他成功的秘诀。

对一览表中的项目，应细心检查，等确定后，再依照所排列的先后顺序记录在卡上，每完成一项，便从卡上划掉，这样就让自己的心理增加了一些成就感。

应该注意的是，一览表上的项目，必须围绕当天的目标来设定，并按重要性和有利于提高效率的原则进行分类排序，避免把一些会分散精力的琐事也列上去。

每天所列的一览表，可以郑重其事地摆在自己的办公桌上，甚至随身携带，以便随时提醒自己。

一览表的主要作用，就是考核自己的工作绩效。通过一览表学会如何安排一天的工作，以及应该怎样规划并好好把握时间，养成节省时间、善用时间的好习惯，提高工作效率。

一览表还能让自己对一天的事情一目了然，随时查核进度。如果有哪些事情没做，就要赶快找时间做。这样还可以弥补记忆不佳的缺憾，不用再担心因忘记而误事。

阿兰·莱克因说，人们最好将自己一生中认为最重要的目标及最优先要做的事，写在一张一览表上。这种一览表放在口袋内也好，放在桌子上只有自己可以见到的地方也可以。因为它不但能使人经常记起特别容易忘掉的事，而且有益于更有效地利用时间。

2. 活用记事本

很多不同领域的成功者，如作家、哲学家、经理、营销大师等都习惯随身带着一个记事本，这样随时可以把突如其来的灵感或紧急重要的事项记录下来，这种即时记录的方法对他们来说就像金子一样宝贵。如果你也想用这种方法记录下自己的各种想法，就一定要随身带着你的记事本。

在你准备报告、写文章或做类似工作时带着记事本同样适用，只要你从别的任务中获得了一种新想法，就不要犹豫，打开记事本，把这稍纵即逝的灵感捕捉住吧。不过要及时刹车，因为还要回到原来的工作上。

记事本可以使你的工作轻松自在，但你需要把记下的内容分门别类，使之条理分明，这样你才能按图索骥，省下翻查的时间。否则，利用记事本创造的时间价值又会因杂乱的查找而损耗掉了。

3. 把日历变成日程本

你是不是在每天即将过去的时候才翻开日历的下一页？你的日历是不是总留着大片空白，"干干净净"地躺在桌子上？如果是的话，你可以考虑把日历变为可以随时添加任务、想法和其他重要信息的日程本了。

试着把约会、地址、电话号码、要做的事情或者突然冒出来的念头，还有早已不知道到底是什么的记录，都整理到一个分类齐全的日程本里，你会发现日程本的好处多多，能帮你把时间安排得井井有条，使你更有逻辑性。

其实生活很简单

学会以最简单的方式生活，不要让复杂的思想破坏生活的甜美。

——弥尔顿

时间都到哪里去了？对大多数人来说，白天几乎全为工作和上下班通勤所占有，此外便是令人眼花缭乱的现代生活——享用不尽的资讯、选用不完的产品。相信大部分人都会发出这样的感慨："我什么都想、什么都要，所以每天忙忙碌碌，活得如此累。"

在生活中我们既需要发明创造等复杂的活动，也需要悠闲和轻松。每个人都希望多挣一点钱，以便为今后能够过上舒适安逸和轻松愉快的生活打下基础。我们这个复杂世界创造的所有这一切，都是为了我们生活得更简单、更愉快、更节省时间。

生活的目的是简单的，生活在简单之中才能反映出全部生活的充实。简化生活的方法就是要解开你在生活的各个领域中陷入的圈套，让你发出由衷感叹："啊哈，原来这么简单！"简化生活的方法利用的是你的生活经验，甚至是犯过的错误，使你有更多的时间享受生活。

简化生活的意思是：注意使用金钱、物品、时间、精力的方式及多寡，然后想办法减少浪费。

简化生活的方法就是要找回生活的原动力，恢复生活的本来面目。

营造简单的环境

別让过多的摆设吞噬你的时间。营造简单的工作环境和家居环境会让你的工作效率倍增，心情也变得舒畅。

——易卜生

简单的环境能够使你的心情舒畅。你不必把大量时间花在打理那些摆设上了。

1. 清理办公室

你只要记住"单一而不重复"的原则，生活就会轻松许多。在文件管理中也同样适用这条原则，绝对避免把什么东西都"摞"在一起。错误做法的明显标志就是把"待处理"类文件全部堆积在一起。

解决一切文件堆的最佳办法是把它们放倒。放倒这些文件堆的具体办法是：让它们倾斜 90 度，分门别类并排摆放到活动的文件柜中（放进一个向上开口的文件夹），这样就像一座用眼睛无法看透的大山变成了透明的建筑物，因此也就实现了真正的"简化"，因为每一项交付的任务都有了一个自己的"地位"。在把成堆的文件放到活动文件柜的时候，非常关键的一步是，你要对文件进行整理、归类，甚至分级，要把最重要的任务放到最前面。

如果你看到自己的办公桌上已经蕴藏着危机，那里的混乱已经使你不堪忍受，就应该马上尝试一下本方法。

"四分法"是一种针对紧急情况的简单方法：在一张空桌子

（不是你正在用的桌子，而是另外找一张）或者地板上，按顺时针方向划分出四块地方。然后果断地清理干净你的办公桌，一张纸都不让它留下！

2. 为居室"瘦身"

随着经济条件的提高，居住环境得到了改善，于是人们便产生了购物癖、精美家具爱好癖。邻居家有的，我们家也应该有；邻居家没有的我也应该有。要超过左邻右舍才气派，才不显得寒酸。比如，钢琴，自己会不会弹无关紧要，孩子有无兴趣学也不关大事。别人家能买，我们也要买。各个家庭都要把自己的客厅、卧室装饰得富丽堂皇，竞相攀比。于是，我们便成了这些摆设的奴隶，终日为摆设服务，而不是摆设为我们的工作、学习服务。

为了精美的现代家具和各种家用电器，每天我们为地毯除尘半小时，擦拭家具半小时，打扫卧室半小时，清理卫生间半小时，洗刷三餐用过的杯盘碗碟1个半小时，清理厨房1小时，归置弄乱的玩具、图书、清理桌面1小时。还不算买菜、洗菜、做饭、倒垃圾等占去的时间已经用去了6个半小时。

要下决心清除掉家中的过多的"摆设"。适当地、恰到好处地使"摆设"艺术化是不可少的，但过多的"摆设"就是多余的。"多余"就成了生活的负担。

你只有卸掉自己身上的包袱才能够轻装前进。家里和办公室的无秩序给自己造成的精神负担比许多人想象的要严重得多。

爱留东西的人要克服内心的挣扎，不必老去想"这玩意儿也许将来有用"。专家建议：不妨告诉你自己"我不会再用这把扭歪了的雨伞了，反正买把新伞也花不了多少钱"；或是"不错，也许有朝一日我会用得着这卷拆下的壁纸。可是，我是否该储存每件有朝一日可能用得着的东西呢？如果真该如此，也许我要租一个仓库了"。

别让消极心态左右你的时间

> 时间，你不开拓它，它就悄悄长出杂草，爬上你生命的庭院，把你一生掩埋。
>
> ——毕淑敏

有效利用时间应该注意心态的调节，一个人心态的积极与否将影响其对时间利用的效率，有的人因为受情绪的影响而做出一些有违时间管理的事情来，从而进一步影响其做事的质量和效果。更为严重者甚至会把事情办砸。所以，要管理时间，首先得把自己的心态管理好。

时间其实是有生命力的。有的人能把日子过得有声有色、精彩万分；有的人却把日子过得死气沉沉，毫无意义可言。这是因为不同的心态导致不同的时间品质。

小丽总喜欢坐在镜前顾影自怜，反复把头发梳成各种样式，就这样花上好几个小时的时间。她也觉得十分空虚，却又无法

每天多出3小时：时间管理秘诀

自拔。

李志喜欢在夜里拥着棉被看电视，有时看到凌晨两点左右才在疲惫中沉沉睡去，等到第二天早上闹钟响了，他才拖拖拉拉地起床，胡乱换套衣服急忙赶去上班。但他无法集中精神工作，以致工作没有激情。

你是否对生活感到麻木不仁，再也没有冲劲、欲望和热情；你觉得周围一切都与自己无关，成了世间名副其实的局外人；你不再拥有新的思考和创造动力，既无能力也无意改变眼前令人极不满意的现状；一旦沉溺于某种情绪便久久无法自拔，感觉自己宛如处于一种大厦将倾的绝望中……这样忧郁的心态于人生、理想、生命的价值毫无意义，只会浪费时间、损耗生命。

生活是浩瀚的大海，每个人都是一条船，用好的心态去弄潮，急流险滩更增加人生旅程的节奏。

生活中，有时候会因长期做一件事情而引起心理疲倦的现象，进而陷入情绪的低潮。此时，转换一下心境是非常必要的。转换枯燥的心情，给予新的刺激，对调节好心态、提高工作效率是极有益处的。

要减少消极心态对时间效率的影响，不妨专心致志于做事本身而不去管这件事的意义。凡事先行动起来的一个主要好处，在于一旦迅速进入行动状态后，就来不及多想，逼上梁山，背水一战，只有一条路走到黑，这样就容易完成计划，达到目标。无论是走在地狱还是天堂，"走你的路，让人们去说吧"。向着目标，心无二用地前进，这是每一个成功人士必备的素质。

面对困难，激励自己

我荒废了时间，时间就把我荒废了。

——莎士比亚

生活工作中，人们都有遇到困难的时候，也有避免做不喜欢的事情的倾向，因此碰到困难或不愉快的工作，就会影响情绪，降低效率，或者干脆拖延下来，或者根本不做。但是，心中老是惦记着那件该做而未做的事，于是别的事情也无法专心去应对，这样反而浪费很多时间。

在实践计划的过程中，遇到困难感到实在无法持续下去时，有些人采取逃避的方法，让自己得到有效的休息，等心理获得平衡后再回来工作。

比如，你想去拜访某人，他对你计划的完成具有至关重要的作用。吃过中餐后，你和他电话联络，才知道对方已经出差，第二天才能回来。你的事很重要，此时却没办法进行而造成你的心理负担，这使你找到了推托的借口而将事情延迟，达到有效逃避的目的。

这样做，有时的确可以收到很好的效果。但是，从某种意义上说，是一种负面消极的态度。

在解决工作上的一些困难时，不妨在工作过程中承诺给自己某些奖励，来促进工作的进行。

例如，规定完成这项工作后，可以休息一天。也许就为了这一天休息的奖励，使你不辞辛劳地努力完成一向让你感到困难的工作。

激励是一种手段。它可以使自己在工作过程中产生兴趣，这样工作才能有显著的效果。

其实，有些事情并不如自己想象中那么困难，只要学会激励自己，进而产生工作兴趣，转变工作思路，找到解决问题的途径，最后整个工作终将得以顺利完成。

如果你实在担心自己不能按时完成工作，你可以主动找个同事或朋友，做个约定或打个赌。譬如，你可以跟你的朋友说："如果到下个星期三为止，我还没有把这件事搞定，我请你到饭店吃一顿。"这是个很好的激励方法，不仅仅是看在请客的压力上，你的朋友无形中就成了你的鞭策力，因为你不想让朋友对你失望。这样你就会加倍努力来完成这项工作，效率自然提高。

因此，遇到困难的工作时，鼓足勇气，激励自己，尽可能在短的时间内完成。这时你要有不怕困难、勇敢拼杀的勇气。一阵拼杀过后，自己也得到了解脱。

遇到令你厌烦的事，不妨试想："越是厌烦，越要尽快完成。"这样也许还能使你轻易地走出困境。

不要事事追求完美

在善用时间这方面，"完美主义"是有害无利的。

——埃立克·弗洛姆

事事追求完美的人一般有这样的特点：对自己要求苛刻，不允许自己有丝毫的懈怠；对任何事情都比较挑剔，要求尽善尽美。

完美主义者看到屋角灰尘滚成了球，反应是叹气："到了该进行全面家庭清扫的时间了，要进行一次彻底的大扫除！"因为，让其他垃圾留着，仅擦干净一个地方是无济于事的。而简单主义者会简单地用手抓起灰球，并且把它扔出去。

第一种反应是完美主义的办法。事实上或许是最理性的办法，既然这里灰尘成堆，那么，其他地方一定也是这样。但是，大多数人不是马上开始计划中的完美行动，同时，实际的问题首先还是摆着，并没有得到解决。第二种反应是简单的和实用主义的办法。它有两个吸引人的优点：眼前的问题得到了解决，并且没有因此而阻塞进行彻底大扫除的道路。

在多数情况下，工作的完美程度达到80%就足够了。比如，写字台的干净，房间的整洁，不需要每天都做到100%的完美。时间管理者要把节约下来的时间用到更重要的事情上去。

工作分清主次，这也符合"二八"法则，它正是成功者谨守的黄金法则。追求完美是一种浪费时间的行径。例如，整洁和效率没有必然的联系。有许多成绩卓越者，办事效率极高，他们的房间却十分凌乱。因为这样的时间管理者利用有限的时间，高效率地完成了至关重要的工作。

出错者将是赢家。一条有助于完美主义者发展和被许多人内心深思的信条说："如果我不把所有的事干得完美无缺，我就是一个不顶事的人。"错误是一个机会，它能使下一次干得更好。所以，错误是一次不可多得的学习的机会。

我们的建议是：你应该善待自己的错误，你要关注那些常常对自己的错误感兴趣的人，你要勇敢地对自己说"我的错误对我来说是具有无与伦比的价值的"。你应该拿一面镜子照照自己，并且大声地对自己说："我承认自己的错误。"

因事事追求完美，你永远对自己的工作成绩不满。

为了避免这种现象的出现，不妨用计时器或闹钟来帮助你。

你可以将计时器设定，每工作一段时间，铃声响时，就检查一下工作成果；然后再以此为依据，测量一下自己的成绩，这样就不至于陷入完美主义的旋涡中。

在时间上，可先以 30 分钟为一工作时段。如果发现自己无法在这一时段内完成工作，可以调整一下时间，改以 20 分钟为一工作时段，督促自己加快进度，或适当地调整工作顺序。

开始时可能不太适应，但习惯之后，你会发觉，它确实能为你解决许多工作上的麻烦。

另外，在克服完美主义的问题上，也可以采用"抱歉质问"自问自答的方式，也就是在工作一段时间后，立即停下来，看一下工作的进度，思考是否有其他更好的方法，能使工作进行得更好。

如果执行后认为有价值的话，那么完美主义就不再是影响你善用时间的因素了。

第九章

别让瞎忙害了你——

做事有章法，忙到点子上

别做时间的奴隶

被时间奴役的人，永远无法享受生命。

——布莱克

视时间为主宰的人，将一切责任交托在时间手中。对这种人来说，时间被当成一种借口。这种人深信"这只是时间问题""岁月不饶人""时间是最好的试金石"这一类的说法。

我们常常乘坐着时间的快速列车驶往一个自己并不明确的方向，到达终点时才惋惜自己没有做时间的司机。

从效率观点来考虑时间，我们往往会变成时间的奴隶，但是从效果方面来看，又可说是征服了时间。上帝对每个人的一生给予等量的时间，我们往往选择最喜欢做的事情，全力去做，这就是有效利用时间的方法。在此，我们必须了解如何有效率地使用时间，但是有些时候，效果比效率重要。

美国一位效率专家曾说："时间是计划和生命决胜的顾问。"他曾指导美国许多大企业家、歌手、节目主持人等如何有效地利用时间。他们说"时间即是人生"，这其中的含意就是告诉我们，浪费时间就是无谓地消磨人生。

时常有人训练我们如何有效而充分地利用时间，这等于是训练我们的人生。人生苦短，我们应有意义地度过它，但是要怎样实现呢？这其中的秘诀就是：不管做任何事情，都要有宽裕的时间，以便经过思考，专心完成它。

视时间为主宰的人有一个突出的行为特征，便是重形式而不重实质。下面是一些具体实例：

尽管他们有时需要更多的休息，但有些人每天总是在同一时间起床；尽管他们有时在那个时间并不感到饥饿，但是有些人每天总是在同一时间进餐。

有些人总是恪守固定的时间办事而不愿稍作变动。例如在下班时，虽然6：10分的班车不愁没有座位，但是他们总是赶5：30分那趟拥挤不堪的班车。

想要有效地运用时间，首先要有效地管控时间；而要有效地管控时间，就要处于主人翁的地位。管控时间要像人管控自己的肢体一样，能了如指掌、控制自如，而且对时间的分配，有绝对的主动权。

被时间捉弄的人是最可悲的，他们往往十分守时，为了争取时间，凡事都急急忙忙，也不允许别人有片刻的休息。他们可能会为了节省时间而改吃速食，也可能因为浪费了一分钟时间而大发雷霆，这类人常常是不容易相处的人。

要想有效地管控时间，必须先放松自己，不让自己被时间所约束，这样才能使自己在善用时间的过程中，掌控时间，成为时间的主人。

如果能赢得对时间的控制权，就能找到一个清晰的方向，快速做出明智的决策。需要关注的是战略和长期目标，而不是只关注短期的、微观的细节。你发现自己能更好地对未来做出预测，也可以增强能力来做出更有效的部门或团队计划。这样，经受的压力和刺激便小多了，避免了健康问题和精疲力竭。

你真的很忙吗

这个世界上没有"忙人"，只有"盲人"。

——托马斯·卡莱尔

　　你是不是也有过这样忙碌的日子？既不能放松地好好休息，也不能悠闲地到处逛逛，到了晚上筋疲力尽地发现——其实什么也没干成。你应该反问自己：我真的很忙吗？

　　其实除了一些客观原因，比如，工作量大、上司工作安排不合理、工作能力不足而导致的忙碌外，在很多忙碌的表象下，都暗藏一个问题，这就是个人时间管理意识或技巧的薄弱，导致时间的浪费和效率的低下。

　　常言道："如果你不去控制事情，你将被事情所控制。"换句话说，你不去控制时间，你将被时间所控制。在一堆琐碎的事情面前，若没有一个周详的时间计划，人们将非常被动，甚至束手无策。这就是人们常常忙碌的原因。

要告别"碌碌无为"的日子，首先要找出让你瞎忙的原因。先问自己如下几个问题。

（1）我做了什么根本不需要做的事？

（2）我做了什么能够由别人并且应该由别人做的事？

（3）我做了什么耗时过长的事？

（4）我做了什么会浪费别人时间的事？

仔细思考，你会发现，不是你的时间资源不够，而是你没能觉察到一些浪费时间的行为或习惯。

大家都没闲着，可他们在忙什么，你又在忙什么？为什么有的人忙成功了，而有的人一直在瞎忙？

美国有家调查机构曾做过一个著名的跟踪调查。他们在一所著名大学的毕业生中选取了40个人，其中20个有明确的事业目标，决心一毕业就为自己的事业而奋斗；而另外20个则没有明确的目标，决定先找份工作，赚了钱再说。结果，20年后，前20名学生中有18个成了百万富翁，后20个学生中仅有1个成为百万富翁。

主要的差别即在于此。有的人从头至尾都有一个明确的目标方向，为成就一番事业而奋斗，而有的人身不由己，随波逐流，每日所忙都只是为了生存的伙食标准提高一些而已。大家一样辛苦忙碌，谁也没闲着，甚至你比他人还忙还累，收获却大不相同。

我们经常能遇到一些人，他们逢人便说："啊，我很忙""我每天的时间以分钟为单位计算"等。可是仔细想想，他们的这些说法，与其是在感叹时间的不足，不如说是在夸耀"我很能干""我是公司里的重要人物"。

总是标榜"啊，我很忙"的人，其实就是在向天下宣布"我不会安排时间"。要想成为时间能手，有必要抛弃这种自满意识。

雷鹏堪称利用时间的楷模，他从来不浪费一秒钟的时间，只要时间允许，他就一定会拼命工作。所有知道他的人都说："看，雷鹏真是太会珍惜时间了！"人们都知道，为了能让公司的业绩更出色，他拼命地想要抓住每一秒钟的时间。

每天，他把大量的时间用在设计和研究上，除此之外他还负责很多方面的事务，每个人都知道他是个大忙人。他风尘仆仆地从一个地方赶到另一个地方，因为他太负责了，以至于不放心任何人，每一个工作都要自己亲自参与才放心。时间长了，他自己也感觉到很累。

其实，在他的时间里，有很大一部分时间都浪费在管理其他乱七八糟的事情上。无形中，他增加了自己的工作量。

有人问他："为什么你的时间总是显得不够用呢？"他笑着说："因为我要管的事情太多了！"

后来，雷鹏的一位做咨询的朋友见他整天忙得晕头转向的，但仍然没有取得令人骄傲的成绩，便语重心长地对他说："人大可不必那样忙！"

"人大可不必那样忙？"这句话给了他很大的启发，就在听到这句话的一瞬间他醒悟了。他发现自己虽然整天都在忙，但所做的真正有价值的事实在是太少了！这样做对实现自己的目标不但没有帮助，反而限制了自己的发展。

醒悟后的他除去了那些偏离主方向的分力，把时间用在把握公司发展的方向、激励员工等更有价值的事情上。很快公司的业绩因为他的专注开始进入快速发展的轨道。

"人大可不必那样忙"，"忙"并不等同于"充实"，"大忙人"也不一定是统率大局的领导人物。如果你整天在忙碌中度过，你应该问问自己："我真的很忙吗？"

不让时间赶着跑

> 如果你支配时间，你就会变得富裕而自由。
>
> ——佚名

你是不是总感觉时间在赶着你向前跑？你总是在"某时要完成某事"的压力下生活，总是感到时间不够用。

有些人总是被时间赶着跑。他们过于关心时间，从不肯浪费任何时间，结果总是搞得自己和周围的人都非常紧张。他们总是忙来忙去，总是为自己定下过大的工作量。

当然，人们嫌时间不够的理由总是多种多样的。我们都知道当日子过得舒适惬意时，时间过得很快，很容易打发。然而我们中许多人不幸地发现，有时即使我们过得并不轻松，时间依然飞快地流逝。

平常造成你时间总是不够的原因也许有下列这些。

（1）你几乎把所有的时间都用于工作，极少有时间去与家人或朋友相聚。

（2）你给自己制定了一个完全不现实的目标，仅仅几个星期后就不得不放弃。

（3）由于所有的事看起来都很重要，你没有多余的时间去权衡哪些事情需要优先处理。

（4）你经常很勉强地答应一些你本来想拒绝的事情，结果总是揽下了太多的麻烦。

（5）你的家里和办公室凌乱不堪，因为你根本就没有时间去整理。

（6）你知道如果没有种种无端的打扰，你每天可以完成的事情要多出几倍。

（7）你不得不身体力行地去做每一件事，因为你认为没有人能把事情做得比你更好。

（8）你总是泡在那些你无法控制时间的"会海"之中。

（9）面对眼前堆积如山的文件，你根本找不到时间去阅读处理。

（10）你认为按计划行事会使生活失去随心所欲的"自发性乐趣"，只有呆板乏味的人才会那样做，所以你拒绝对生活做出计划安排。

（11）你把许多东西随意搁置，你认为那些东西都是以后才用得着的，可是当以后真要用时，你却找不到它们了。

（12）你从来就没有属于自己的时间，因为你总是忙于帮助别人。

不要说，你忙得没有时间，而要关注你忙的是什么事情，你忙得有没有效率。往往最忙的人是最能够省出空闲时间的人，因为他忙于做一些烦琐小事，忙于处理一些突发小事，或者把一件能够在 1 个小时之内做完的事情，拖到用 2 个小时来完成。

我们要战胜忙乱的习惯，不再让时间赶着跑。

一次最好只做一件事

一次只做一件事会使你集中精力、全力以赴。

——佚名

试图让自己在同一时间里完成更多工作的人，结果往往适得其反。正如卡尔文·柯立芝所说："我们无法一次做所有的事，但我们可以一次做一件事。"很多人把自己搞得疲惫不堪，而且效率低下，很大程度上就在于他们没有掌握这个简单的工作方法：一次只做一件事。

世界男高音歌唱家卢卡诺·帕瓦罗蒂从小痴迷音乐并有相当的音乐素养，他从师范院校毕业之后，对自己的未来职业有些举棋不定，他向父亲请教："我能不能一边当教师，一边做个歌唱家呢？"

他的父亲深深地看了他一眼，慢慢回答说："如果你想同时坐在两把椅子上，你可能会从椅子中间掉下去，生活要求你只能选一把椅子坐上去。"

"布里丹效应"告诉我们，当我们面对两堆同样大小的干草时，当我们面对两把同样规格的椅子时，必须要带点"非理性地"选择其中之一，因为如果一定要"理性地"等下去，结果必然是等到饿死，或者从两把椅子中间掉下去。

一次只做一件事，是成功者的秘诀。他们知道如何把自己的时间和精力分配到最有价值的事务上，心无旁骛地处理好手头的工作。

比尔·盖茨7岁就通读了百科全书，他从来不去想厚厚的一叠书本到底有多少还要读，他只知道，读好每一页，看好每一篇。后来，他做图书馆管理员助理的时候，再次表现出这种品质：面对散乱多年而无人整理的一所图书馆，比尔·盖茨没有抱怨和退缩，他一本一本地整理四下散落的图书，把它们登记造册，放回正确书架。数万本书就这样一点一点被码放好。

多年后，一位管理员回忆说："当时，我感觉这个孩子将来一定会成为伟大的人物。"

所以，在未来的挑战中，告诉自己，全神贯注于眼前的任务，不要让纷繁的表象把你吓住。

同时想做很多事的习惯会使人产生焦虑，注意力不集中。学生一面看电视一面做功课；职员不将注意力放在他正在口述的事情上，却惦记着今天该完成的另外一件事，心里巴不得能马上同时解决。这些都将大大降低效率。

这些坏习惯是在不知不觉中养成的。我们同时想着好多件未完成的事，很容易变得神经过敏、忧虑、焦虑不安。我们紧张是因为我们想做不可能做的事情，这样不可避免导致挫折。所以正确的做法是：一次只做一件事，把这件事做好，会使自己有成就感，然后信心百倍地去做下一件事。

一次只专心地做一件事，全身心地投入并积极地希望它成功，这样你的心理上就不会感到精疲力竭。不要让你的思维转到别的事情、别的需要或别的想法上去。专心于你已经决定去做的那个重要项目，放弃其他所有的事。

做事情时，了解你的每次任务中所需担负的责任，了解你的极限。如果你把自己弄得精疲力竭或失去控制，那你就是在浪费你的效率、健康和快乐。选择最重要的事先做，把其他的事放在一边。做得少一点，做得好一点，在工作中得到更多的快乐。

把时间用在正确的事上

假如我们能用对时间，我们有的是时间。

——歌德

我们应该学会把时间用在真正重要的事情上。有这么一则故事：

马戏团有个驯兽师，他听说从未有人看见骆驼倒退走，大家都认为骆驼只会往前走，不可能倒退走。

于是这位驯兽师就决定要向这个"不可能"挑战，他要训练一只会倒退的骆驼！他不断辛勤地训练，经过多年的努力，终于成功了。

下一幕是在马戏场里。观众从四面八方涌来，因为宣传和广告都保证将令观众大开眼界。

场子正中央，站着那位驯兽师，正在口沫横飞地说明骆驼倒退走的奇观。成千的观众则面面相觑，一脸的迷惑，每个人的表情都仿佛在说："那又怎么样？"

确实，那又怎么样？浪费时间在没有多大意义的事情上，就如同有的人一样，只为了买个小东西浪费很多的时间，就算是真的让你买到最好的、最便宜的，那又怎么样呢，有什么意义呢？

想一想，真的"值得"吗？若能把这些时间都拿来做更有意义的事，不是更有价值吗？

人们大多都只担心财物的损失，却不担心岁月一去不复返的损失。失去时间就如同失去生命。

时间管理的真谛，并不是要你用最短的时间做最多的事情。而是要你选择对的事情来做，甚至，要你少做或不做不该做的事情，把人生的每一分钟过得轻轻松松。做对的事情，远比把事情做对更重要。前者，是指先选择重要的事情来做。后者，是指做事情的时候要用正确方法。当然，要先选择重要的事情来做，然后再来讲求正确方法。否则，埋头苦干的结果，很可能是白忙一场，快要完成时，才发现眼前的目标，并不是自己真正想要的。

就好比我们去上班、去赴约，我们都知道上班的地方、约会的地点在哪里，因而我们也才明确地知道我们要搭几路车、在哪儿转车，又在哪儿下车，最终到达目的地。

一个人每天都有很多的事情要做，有大事，有小事；有急事，也有可稍缓一点的事；有令人愉快的事，也有令人心烦意乱的事。但是哪些事才是最重要的呢？不弄明白这个问题，就会在很多没必要的事情上浪费很多精力，空耗许多时间，结果只会身心疲惫。

生活中最聪明的人往往是那些对无足轻重的事情无动于衷的人，他们很清楚该干什么、不该干什么，知道什么事情可以改变命运，也知道什么事情只会消耗青春，从而把时间用在正确的事情上。这样的人对那些较重要的事情都会感到兴奋，同时也善于把无关紧要的事情搁在一边，因此使人生高效，进而取得成功。

有些事不必亲自去做

一个人纵然全身是铁，也打不了几颗铁钉。

——罗素

在生活、工作当中，需要处理的事情太多，这件事要做，那件事也要做。如果将时间平均分配给每一件事情，那么就相当于什么事情也没有做好。其实，也并不是每件事都亲自去做才能达到你心中的目标，学会区分"必须做的事"和"应该做的事"，学会放权和委托别人，"借用"别人的时间，会让你更高效！

因为每个人的精力都是有限的，所以做事首先要考虑自己的职责范围，该你做的事要努力去做，不该你做的事就不要去多管。

如果你是领导，就要善于授权，让秘书把你的副手或下属有权处理而且有能力处理好的事一律交给他们去办，你只听取他们处理结果的汇报。如果你是位普通的职员，那就只处理自己职权范围内的事，而不应到处去为别人操心。

有一位身兼数家商业杂志社总编辑的领导，要求属下把信件都送到他办公室里，他必须拆信、看信，再把信件分成若干堆，决定分给属下哪位编辑处理，接着亲自送到每人桌上。整个过程平均需要一个钟头，于是，他每天加班，要不然就带着工作下班，才有办法把工作完成。除此以外，更糟糕的是他的编辑人员，不得不等他送信来，于是整个编辑部门成天都在等。这位总编辑之所以会这样，就是他想知道部下究竟是在做什么事。但终于他觉悟到自己只是在浪费时间。以后，他的编辑开始直接收信，并做成新闻或新动态的摘要呈给他，事实证明以往他一直浪费了很多的时间，因为几乎 3 / 4 的信件是向废纸篓报到的。

时间管理专家研究表明，事必躬亲者花 1 小时可产生 1 单位的成果，而适当分权、只抓大事要事者，每投入 1 小时便可产生 10 倍、50 倍，甚至 100 倍的成果。

所以不值得做的和可以交给别人去做的事，千万别做。因为不值得做的和可以交给别人做的事，会让你误以为自己完成了某些事情。你消耗了大量时间与精力，得到的可能仅仅是一点儿自我安慰和虚幻的满足感。

一家计算机公司总经理吴迪说："不要去做可以交给别人做的事情。"因为一个要有大成就的人，最重要的是有卓越的思想和计划，不应把自己的宝贵精力耗费在琐碎的小事上。一个真正能够站稳脚跟的成功者，永远是一个制造机器的人，而不是将自己作为机器的一部分。

古往今来，许多出色的人都是大权独揽、小权分散。用一句通俗的话说就是："不该管的事就让别人去管。"

可见，善于委托他人可以说是达到成功所必不可少的条件之一。委托其他人工作，可以使你的效率倍增。有些事不必去做就可以把自己的时间集中使用到对自己来说更有效果的工作上去。

生活中的各类事情，有很多是可以让别人帮你做的，所以，你不必自己去做每一件事，而应省出时间专注地做最重要的事。

做必须做的事

要尽量少做事，只做必须做的事。

——奥勒留

现在你的手头上，你必须做的是什么？是将文件归档、整理周边环境、去帮朋友查找一件他需要的东西，还是把领导交代的下午就要交上去的策划方案撰写好？如果是后者，就把一切琐碎的事推掉吧，静下心来集中时间和精力把这必须做的事处理完了再做琐事也不迟。因为它关系到你的工作业绩和领导对你的评价。

如果有人给你几千块钱，要你从此独立生活，你将怎样使用这些钱？你不会先去买电脑游戏，也不至于先去看百老汇舞台秀，而是在解决了衣食住行的问题后，才开始考虑电视和其他娱乐的支出。

同样的道理，在你有了时间的情况下，你不能先拿去打电脑游戏和看电影，也不可以先去整理相册、看小说和胡思乱想，而应该先安排自己睡眠、工作和学习的时间，因为没有充足的睡眠，你的身体状况不可能好。

生活、工作中最重要的是要懂得，什么事情是可做可不做的、什么是必须做的，比如，学习、锻炼、睡觉、完成任务等。必须做的要放到前面，要知道对于必须做的事来说，早做不如晚做，晚做的成本会越来越高，所以要赶快把它完成。

可做可不做的事情，就不要去做，比如衣服叠得完美，垃圾收得干净，伞折得和新的一样，这些做完了虽然看了很爽，很有成就感，但是占用了大量时间，做其他真正能让你有成就感的事情的时间就少了很多，所以总的来说是不划算的。

做事情要从生活的整体去看，而不是从事情本身，你的目的是生活幸福，而不是完成一件任务。

成功的人都会先做必须做的事，过后有能力和闲暇，再做自己喜欢的事。如果为了一些琐碎或没有意义的事，把应该做的、必须做的事给忽略了，生命的节奏就会出问题。成功人生要确定自己的理想和目标，找准人生中最重要的、必须做的事去做。

只做适合自己的事

一个人的精力必须用在自己擅长的事情上。

——彼得·杜拉克

卡耐基认为，一个人要实现自己的价值，就应当珍惜这有限的时间，选择最适合自己的事，否则只是徒然地浪费时间。

那么，究竟什么才是最适合自己做的事呢？最适合自己去做的事，也就是自己最感兴趣的事，自身素质能够满足要求的事，客观条件许可的事，这几种因素缺一不可，再加上恒心和毅力，才能有希望做好，有较大的把握做好。

每一个人都有自己的兴趣、爱好，都有自己擅长做的事，因而要取得成功，就要把自己奋斗的目标定位在自己所热爱的事业上，不能选择自己兴趣不大或者毫无兴趣的事。

拿破仑·希尔认为，你的工作如果很对自己的兴趣，那么你就很容易获得成功。因为从某种意义上来说，一个人为之投入太多兴趣的工作就是适合他自己的工作。所以，每一个人都应该努力根据自己的特长来设计自己，量力而行；根据自己的环境、条件、才能、素质、兴趣等，找到适合自己的事情。

阿尔福·雷德出身于穷苦的农场家庭，工作似乎与他无缘，两年中他虽然努力认真，却失去了三份工作。而自从接触了制刷这一行后，他才发现他是多么不喜欢以前的那几份工作，而那些工作对他又是多么不合适。

刚开始，雷德销售刷子，就有一个感觉：他会把这个销售工作做得出色。因为他喜爱这个工作，所以他把自己所有思想集中于从事世界上最好的销售工作。

雷德成了一个成功的销售员。他又立下自己的目标：创办自己的公司。这个目标十分适合他的个性。他停止了为别人销售刷子，这时候他比过去任何时候都高兴。

他在晚上制造自己的刷子，第二天又把刷子卖出去。销售额开始上升时，他租了一栋旧房子，雇用一名助手为他制造刷子，他本人则专注于销售。

这个曾经失去三份工作的人，最终成立了他自己的福勒制刷公司并拥有几千名销售员和数百万美元的年收入。

阿尔福·雷德的例子告诉我们，一个人的精力和机会有限，只有把自己全部的精力放在最合适自己的事情上，我们才能够取得事业上的成功。

无论做什么事，都要自身的基本素质所许可，如果是一些特殊的职业，对一个人的要求会更高。有的职业对身体素质要求比较高，如运动员、演员、飞行员、时装模特等；有的职业对智力要求比较高，如科学家、作家、商业策划人员、电脑专家等；有的职业则要求所从事的人员综合素质好，如政治家、外交家、电视节目主持人、高级管理人员等；还有一些特殊的职业，对人的某一个方面有特别的要求，一般人难以从事这些工作，如调酒员，则要求有独特的味觉和嗅觉等。

因而，光有爱好、兴趣还远远不够，必须具备从事这项工作所需要的身体或智力条件。就像很多人都羡慕运动员、演员的风光，但是，要想使自己成为一个运动员或演员，并不是仅靠爱好就能够做到的。

有的人会为一个问题而困惑不解：明明自己比他人更有能力，工作绩效却远远落后于他人？在这种情况下，我们应当先问问自己一些问题。

（1）自己是否真的走在前进的道路上？

（2）自己是否像画家仔细研究画布一样，仔细研究职业领域的各个细节问题？

（3）为了增加自己的知识，或者为了给你的老板创造更多的价值，你认真阅读过专业方面的书籍吗？

（4）在自己的工作领域你是否做到了尽职尽责？

如果你对这些问题无法做出肯定的回答，那么你就无法积极主动地发挥自己的专长。

一个人做了不适合自己的事的例子并不少见。彼得·杜拉克更是一针见血地指出："一个人的精力必须用在自己擅长的事物上。"对于无能为力的领域，就不必徒耗精力。

要知道你正在做的事是不是适合你，不妨这样做：当你每次采取重要行动前，都事先写下你所预期的结果。最后，将实际的成果与当初的预期比较，也许就会发现最适合你的事是什么。

告别混乱无序

我们中那些陷于混乱无序的人，之所以无法认识更不要说去改变混乱状况的原因，就是他们在混乱无序的生活中感到很适宜。

——桑德拉·费尔顿

有时候，你是不是觉得自己的生活像一笔算不清楚的账呢？"混乱"这个词在我们平常的表述中通常是贬义，你想想交通拥堵或一群人乱糟糟地聚在一起时的情景是不是这样？

人们希望能将时间安排得井然有序，但我们在日常生活中，实际上也在制造"混乱"。是的，一直以来我们都生活在秩序和混乱并行的世界里。

最浪费时间的一个因素就是混乱。生活中有一点零乱是无法避免的，也无碍大局。但应该明白的是零乱是可以累积起来的，在不知不觉中，零乱就可能会在你的身边累积成一大堆混乱，让你手足无措。造成这种局面的原因多种多样：也许你太忙了，许多的事情来不及处理，越积越多；也许你本来就没有养成一个有序的好习惯。简单易行且有效率的有序管理技巧，会有助于你轻松自如地处理好各类事务。但是，如果你寻找各种借口去掩饰，那么混乱无序的状况就会成为一个棘手的问题。幸运的是这些借口都非常容易被识破，因为几乎所有生活无序的人找的借口和托词都差不多。

时间效率专家史蒂芬·柯维说："我赞美彻底和有条理的工作方式。一旦在某些事情上投入了心血，就可以减少重复，开启了更大和更佳工作任务之门。"

生活、工作的有序性，体现在对时间的支配上，首先要有明确的目的性，很多成功人士就指出："如果能把自己要做的事情清楚地写下来，便很好地进行了自我管理，就会使得生活、工作条理化，因而使得个人的能力得到很大的提高。"

只有明确自己的目标是什么，才能认识生活的全貌，从全局着眼观察，防止每天陷于杂乱的事务之中。明确的办事目的将使你正确地掂量每件事之间的不同侧重，弄清你的主要目标在哪里，防止不分轻重缓急，耗费时间又办不好事情。

明确了自己的责任与权限范围，才能摆脱自己的工作与上级、下级的工作以及同事工作中的互相扯皮和打乱仗的混乱现象。

一张做事情的清单可以帮助你告别混乱，让工作、生活有条有理。

做事情有"条理"很重要。为此，你可将今后某一段时期内要做的所有事情都列出来，列在你的任务总清单上。

成功企业家的案头总是有一份精心安排的日程表，科学研究者十分重视"程序"。

学生虽不是大人物，但列出一张做事的清单也是必要的，因为这些别人看去是小事情，对你可能就是大事情，况且办事总是应该有先后顺序。想起什么干什么，抓到什么是什么，一定会有所遗漏。

如果你下个月要做几件事情，最好从现在就将它们列出来，不要等到下个月才去做这些事情。

将要做的事写在纸上不是一件很难的事，占用不了很多时间，你应当养成这个习惯。这样做不但有助于你整理思路，也有助于你深入思考。

不思考的人只能瞎忙

谁不用脑子去思索，到头来他除了感觉之外，将一无所有。

——歌德

很多时候，当你突然安静下来时，发现已经好长时间没有产生自己的想法了。

你的创造力呢？

其实你一直在思考。只是你的想法很零散，且一闪即逝。

你的智慧、你的知觉和你的创造力在意识思维的表层下面。你只是没有时间去倾听它们。

你几乎拥有无穷的发明创造力。但是当你陷入时间的陷阱里，你就没有时间思考，而思考正是产生洞察力火花的根源。

创造一些宁静的时间，让喧闹平静下来。静静坐下，每天都有这样的一小会儿，让你的思想任意漫游。

美国人杜拉克在《有效的管理者》一书中写了一段很有意思的小故事。说的是某份杂志刊载的一幅漫画，画中一间办公室的玻璃门上写着"某某公司业务经理史密斯"，办公室的墙上贴着一个字"想"。画中的经理大人，双脚高搁在办公桌上，面孔朝天，不断向上吐着烟圈。办公室外有两位员工小声嘀咕："天晓得史密斯在想什么！"杜拉克的评点写得很到位：的确，谁也不知道一个领导人在想些什么。"想"正是领导者的本分。

这对于时间管理者很有启迪。如果你过于忙碌地工作而没有时间去思考你所做的事，那么你将无法充分施展你的才能。减少工作量，留出一定的思考时间来反省已做过的事情，如："这有什么意义？""怎样做才能更好？"同时还让你有时间思考是否有其他的方式，以及如何增加配合的紧密度等，也许会收到许多意想不到的效果。

思考在现实生活中有着举足轻重的作用，它不是在浪费时间，而是在帮助我们赢得更多的时间，避免盲目地生活，所以我们必须三思而后行。

但是思考行为必须是一种带有目的的思考，而且必须成为行动的前奏。毫无意义的思考是对时间的浪费，也是一种坏习惯，这种"思考"不管持续多久，都会使人一事无成。所以思考虽然非常重要，但并非花越多时间就越好。就比如一把刀，明明只要三两下工夫就可磨好了，你却反复磨了许久，反而把刀刃磨得太薄而容易断裂。

沉思是一种好习惯。很多成功者都有沉思的习惯，他们有时候是通过散步、饮茶、读书，有时候则是通过睡觉来进行沉思。丘吉尔的习惯是每天早上醒来后在床上躺着，喝着咖啡、看着报纸，盘算着一天乃至一年的事情，此时即便是女王也很难让他从床上下来。毛泽东的习惯是以看古籍、散步和睡觉的方式放松自己、寻找灵感。

一位心理学家说过："一个人的思考能力之所以经常受阻，主要是因为个人的思考能力往往受到个人经验和思维定式的指引，而事实上，这些'故旧'往往正是阻止你的灵感露出来的栅栏。"也正是从这种意义上，爱因斯坦多次强调说："一个科学家应该始终有一颗童心，因为童心较少受世俗和偏见的束缚。"

在开始做事情、执行计划之前，用心地思考吧！思考它的价值意义，思考怎样才能更快、更有效地做好它，那么花在做事情上的时间才有意义。否则，你忙也是瞎忙。

图书在版编目(CIP)数据

每天多出3小时：时间管理秘诀 / 达夫著. -- 北京：
中国华侨出版社, 2019.12（2020.8重印）
ISBN 978-7-5113-8088-3

Ⅰ.①每… Ⅱ.①达… Ⅲ.①时间—管理—通俗读物

Ⅳ.①C935-49

中国版本图书馆CIP数据核字（2019）第269281号

每天多出3小时：时间管理秘诀

著　者 / 达　夫
责任编辑 / 刘雪涛
封面设计 / 冬　凡
文字编辑 / 胡宝林
美术编辑 / 潘　松
经　销 / 新华书店
开　本 / 880 mm × 1230mm　1/32　印张：6.5　字数：180千字
印　刷 / 三河市燕春印务有限公司
版　次 / 2020年6月第1版　2021年10月第4次印刷
书　号 / ISBN 978-7-5113-8088-3
定　价 / 35.00元

中国华侨出版社　北京市朝阳区西坝河东里77号楼底商5号　邮编：100028
法律顾问：陈鹰律师事务所
发 行 部：（010）88893001　　传　真：（010）62707370

如果发现印装质量问题，影响阅读，请与印刷厂联系调换。